中等职业教育"十三五"规划教材
职业素养养成系列丛书

U0727476

# 中职生创新创业能力训练

ZHONGZHISHENG CHUANGXIN CHUANGYE NENGLI XUNLIAN

主　编 ◎ 廖百如
副主编 ◎ 武海明

北京师范大学出版集团
BEIJING NORMAL UNIVERSITY PUBLISHING GROUP
北京师范大学出版社

**图书在版编目(CIP)数据**

中职生创新创业能力训练/廖百如主编. —北京:北京师范大学出版社,2016.8(2019.8重印)

(中等职业教育"十三五"规划教材)

ISBN 978-7-303-21232-3

Ⅰ.①中… Ⅱ.①廖… Ⅲ.①创业—中等专业学校—教学参考资料 Ⅳ.①G718.3

中国版本图书馆 CIP 数据核字(2016)第 213011 号

| 营 销 中 心 电 话 | 010—57654738 57654736 |
| 北师大出版社职业教育分社网 | http://zjfs.bnup.com |
| 电 子 信 箱 | zhijiao@bnupg.com |

出版发行:北京师范大学出版社　www.bnup.com
　　　　　北京市西城区新街口外大街 12—3 号
　　　　　邮政编码:100875
印　　刷:天津市旭非印务有限公司
经　　销:全国新华书店
开　　本:787 mm×1092 mm　1/16
印　　张:9.75
字　　数:320 千字
版　　次:2016 年 8 月第 1 版
印　　次:2019 年 8 月第 4 次印刷
定　　价:29.80 元

| 策划编辑:庞海龙 | 责任编辑:庞海龙 |
| 美术编辑:焦　丽 | 装帧设计:焦　丽 |
| 责任校对:陈　民 | 责任印制:陈　涛 |

# 前　言

　　创，始造之也。从古至今，人类所见证的一切事物，无一不是从无到有、创新创造的结果。放眼当下，在快速运转的知识经济时代，每时每刻都有新事物被"创造"出来。一种思维、一个想法、一项发明、一份事业……

　　当下，就业形势日趋严峻，尤其对于文化课水平居于劣势的中职学生来说，情况更不容乐观。面对日益激烈的人才竞争，要想在其中脱颖而出，必须具有持久竞争力；面对万人争过"就业独木桥"的现状，也必须要有"另辟蹊径"的能力。因此，对于广大中职生而言，在提倡"大众创业，万众创新"的今天，除了要学习文化知识、掌握专业技能，还需要为自己培养一种能力、开辟一条路径，那就是创新与创业。

　　创新与创业相辅相成、密不可分，这两种能力都能在不断地学习、积累中提高，并且能对学生的职业选择乃至职业生涯作有益的补充。基于此，我们编写了这本针对中职生创新创业能力培养的教材。

　　本教材分为上下两篇，上篇侧重对学生创新能力的训练，激发创新潜能、培育创新思维、练就创新技能，处于思维层面；下篇侧重对学生创业能力的训练，规划职业生涯、培养创业能力、熟悉创业流程，处于实践层面。每一部分内容都以"学习引导"开始，带学生走进情境，通过具体事例引导学生发散思维，再进入理论，最后提供对策。力求让学生真正地在学习过程中增强思维能力、创新能力、实践能力，并正确认识自己的职业处境，不惧即将到来的职业生涯选择。

　　想要成功，就不要跟随被踩烂了的成功之路，而应该朝着新的道路探索、创新，为自己创造一条新的路。衷心希望本教材能为广大中职学生提供些许帮助。

　　由于编写人员能力有限，书中难免会有不足与错误之处，望广大读者补充、指正。

# 目 录

# 上篇 创新能力的养成

# 认识创新与潜能

## 学习引导

### 锯的发明

相传，鲁班接受了一项建筑一座巨大宫殿的任务。这座宫殿需要很多木料，鲁班就让徒弟们上山砍伐树木。由于当时还没有锯子，他的徒弟们只好用斧头砍伐，但这样做效率非常低。工匠们每天起早贪黑拼命去干，累得筋疲力尽，也砍伐不了多少树木，远远不能满足工程的需要，导致工程进度一拖再拖，眼看着工程期限越来越近，这可急坏了鲁班。为此，他决定亲自上山查看砍伐树木的情况。上山的时候，由于他不小心摔倒了，无意中抓了一把山上的野草，却一下子将手划破了。鲁班很奇怪，一根小草为什么这样锋利？于是他摘下了一片叶子来细心观察，发现叶子两边长着许多小细齿，用手轻轻一摸，这些小细齿非常锋利。他明白了，他的手就是被这些小细齿划破的。后来，鲁班又看到一只大蝗虫在一株草上啃吃叶子，两颗大板牙非常锋利，一开一合，很快就吃下一大片。这同样引起了鲁班的好奇心，他抓住一只蝗虫，仔细观察蝗虫牙齿的结构，发现蝗虫的两颗大板牙上同样排列着许多小细齿，蝗虫正是靠这些小细齿来咬断草叶的。这两件事给鲁班留下了极其深刻的印象，也使他受到很大启发，陷入了深深的思考。他想，如果把砍伐树木的工具做成锯齿状，不是同样会很锋利吗？砍伐树木也就容易多了。于是他就用大毛竹做成一条带有许多小锯齿的竹片，然后到小树上去做试验，效果果然不错，几下子就把树皮拉破了，再用力拉几下，小树干就划出一道深沟，鲁班非常高兴。但是由于竹片比较软，强度比较差，不能长久使用，拉了一会儿，小锯齿就有的断了，有的变钝了，需要更换竹片。这样就影响了砍伐树木的速度，使用竹片太多也是一个很大的浪费。看来竹片不宜作为制作锯齿的材料，应该寻找一种强度、硬度都比较高的材料来代替它，这时鲁班想到了铁片。于是他立即下山，请铁匠们帮助制作带有小锯齿的铁片，然后到山上继续实践。鲁班和徒弟各拉一端，在一棵树上拉了起来，只见他俩一来一往，不一会儿就把树锯断了，又快又省力，锯就这样发明了。

**想一想：**在鲁班之前，肯定会有不少人碰到手被野草划破的类似情况，为什么只有鲁班从中受到启发，发明了锯？

_____

_____

_____

**思维导航：**大多数人只是认为这是一件生活小事，不值得大惊小怪，他们往往在治好伤口以后就把这件事忘掉了。而鲁班却有比较强烈的好奇心和正确的想法，注意对生活当中一些微小事件的观察、思考和钻研，从中找到解决问题的方法和思路，甚至获得某些创造性发明。这告诉我们一个道理，留意生活中许多不起眼的小事，勤于思考，会增长许多智慧。

## 一、你知道这些词语的含义吗

### 1. 创新

创新是指人类为了满足自身的需求，不断拓展对客观世界及其自身的认知与行为，从而产生有价值的新思想、新举措、新事物的实践活动。具体来说，创新是指人为了一定的目的，遵循事物发展的规律，调动已知信息、已有知识，开展创新思维，对事物的整体或其中的某些部分进行变革，产生出某种新颖、独特、有社会价值的新概念、新设想、新理论、新技术、新工艺、新产品等新成果的智力活动。

### 2. 创新能力

创新能力是运用知识和理论，在科学、艺术、技术和各种实践活动领域中不断提供具有经济价值、社会价值、生态价值的新思想、新理论、新方法和新发明的能力。它是个人在完成以原有知识、经验为基础的创建新事物活动过程中所表现出来的潜在的心理品质。也可以理解为，创新能力就是一个人（或群体）通过创新活动、创新行为而获得创新成果的能力，是一个人在创新活动中所具有的提出问题、分析问题和解决问题三种能力的总和。

### 3. 发明

发明是指人们获得的人为性的创造成果。发明成果并非天然存在，而是在发现的基础上，通过人们的创新能力直接作用于相关物质和信息的产物。

### 4. 创造

创造是指个体和群体基于一定的目标（或任务）开展的、运用一切已知的条件（或信息）产生出新颖并有价值的成果的认知行为和活动的过程。然而，当某个创新活动所产生的创新成果并不具有新颖性，却依然具有价值时，则称其为再造或模仿。

### 5. 创新意识

创新意识是指人们根据社会和个体生活发展的需要，引起创造前所未有的事物或观念的动机，并在创造活动中表现出的意向、愿望和设想。它是人类意识活动中的一种积极的、富有成果性的表现形式，是人们进行创造活动的出发点和内在动力，是创造性思维和创造力的前提。

创新意识包括创造动机、创造兴趣、创造情感和创造意志。

创造动机是创造活动的动力因素，它能推动和激励人们发动和维持创造性活动。

创造兴趣能促进创造活动的成功，是促使人们积极探求新奇事物的一种心理倾向。

创造情感是引起、推进乃至完成创造的心理因素，只有具有正确的创造情感才能使创造成功。

创造意志是在创造中克服困难、冲破阻碍的心理因素，创造意志具有目的性、顽强性和自制性。

创新意识与创造性思维不同，创新意识是引起创造性思维的前提和条件，创造性思维是创新意识的必然结果，两者之间具有密不可分的联系。创新意识是创造人才所必须具备的。创新意识的培养和开发是培养创造人才的起点，只有注意从小培养创新意识，才能为培养创造人才打下良好的基础。一个具有创新意识的民族才有希望成为知识经济时代的科技强国。

## 二、你具备以下素质吗

### 1. 好奇——创新意识的萌芽

科学的发现始于疑问，而发现问题正是创新的开端。好奇心是推动学生学习的动力，学生对事物有了好奇心，就会主动去探究，从而发现新问题，产生创新意识，所以说好奇心是创新意识的萌芽。

### 2. 兴趣——创新思维的营养

子曰："知之者不如好之者，好之者不如乐之者"。兴趣是最好的老师，是学生学习的内在因素。事实上，只有兴趣才能促使一个人自觉地、主动地去观察、思考和探究某一事物，才能最大限度地发挥主观能动性，才容易在学习中产生新的联想，或进行知识的移植，做出新的比较，综合出新的成果。也就是说，强烈的兴趣是"敢于冒险、敢于闯天下、敢于参与竞争"的支撑，是创新思维的营养。

### 3. 质疑——创新行为的举措

"学贵为疑，小疑则小进，大疑则大进"。一位物理老师做了一个实验，他在蜡烛的底部粘上一枚硬币，放在半碗水里，蜡烛刚好露出水面一小段，点燃蜡烛，蜡烛燃烧了一会儿，逐渐接近水面。当蜡烛烧到水里时便"熄灭"了，过了一会儿又突然燃了起来，这样连续了三次。学生们提出质疑、相互讨论，最后得出结论是与氧气有关。这一实验让学生从质疑中获得了新知识，并将知识深深地记在脑海里。

### 4. 探索——创新学习的方法

学习中，可以采用创新性的思维方式，对所接受的某项知识的源头进行探索和追溯，并经过分析、比较和求证，掌握知识的整个体系。探源学习法对于激发自己提出问题大有益处。

## 三、创新，你还须具备以下几点

### 1. 提倡标新立异，养成首创精神

首创就是要做别人没有做过、没有想过的事情，标新立异实质上就是有强烈的进取精神和勇于开拓的思维意识，是一种"敢为天下先、敢为人未为"的创新精神。有了首创和标新立异的精神，才能有创新的动力，才能发现创新点，也就有了培养创新习惯的基础。

### 2. 增强顽强意识，养成耐挫能力

人不可能事事一帆风顺，都会遇到困难与挫折，如果没有超强的耐挫能力，没有百折不挠的顽强毅力，就很难获得成功，更不要说取得创新成果。其实，困难、挫折也是一笔财富，在危急时刻，人们往往会斗志昂扬，思维活跃，意志也更加坚定。只有不畏艰难，集中精力，解决矛盾，战胜困难，才更容易激发出创造性思维。

### 3. 树立远大理想

古往今来，多少英雄豪杰、志士仁人，无不是从小就树立远大的理想和抱负，并为之努力奋斗、顽强拼搏。远大理想和献身精神更有利于个人能量的充分发挥。

### 4. 树立问题意识

问题意识就是对客观存在的矛盾的敏锐感知和认识。具体说，就是有"主动发现问题、找准问题、分析问题"的自觉意识，进而也才会为解决问题提供更多、更准的途径与策略。我们常说的"防患于未然"或者要具有"危机意识"都是人们在日常生活中主动去强化"问题意识"的表现，"问题意识"是促进解决矛盾的思想前提。

一个人只有树立问题意识，才能更主动地去改造主客观世界。一些优秀人才非常注

重强化问题意识，"危机管理""末日管理""倒计时管理"成为他们追仿的模式，他们能够以超乎常人的问题意识，给他人以紧迫感和压力，促进他人不断发现问题、解决问题。例如，海尔的创始人张瑞敏把他的"问题意识"变为了全体员工的"问题意识"，要求每个员工每天对自己做的每件事都进行控制和管理，要"日事日毕，日清日高"，而不能拖延和积累当天的矛盾和问题。

## 第二节　认识潜能

### 学习引导

　　有一天，一位农夫14岁的儿子开车翻到了水沟里，农夫大为惊慌，急忙跑到出事地点。他看到沟里有水，而他的儿子被压在车子下面，只有头的一部分露出水面。这位农夫身材并不高大，但是他毫不犹豫地跳进水沟，双手伸到车下，把车子抬了起来。另一位跑来援助的工人赶紧把那失去知觉的孩子从车子下面拽了出来。医生很快赶来了，给孩子检查一遍伤势，只有一点皮肉伤。这时，农夫却开始觉得奇怪了：刚才去抬车子的时候根本来不及想一下自己是否抬得动。由于好奇，他又试了一下，结果根本就抬不动那辆车子。

　　资料来源：许小华. 人的潜能有多大. 科学与文化，2004(4).

　　**想一想**：为什么当农夫看到儿子被卡车压在下面就轻而易举地把车抬了起来，而第二次却再也抬不动了？这样的变化说明了什么？

_____

_____

_____

_____

　　**思维导航**：你相信人真有如此大的潜能吗？一个人通常都存有极大的潜在体力，农夫在紧张情况时产生一种超常的力量，并不只是身体的反应，还涉及心智和精神的力量。当农夫看到自己的儿子快要淹死的时候，他的心智反应是救自己的儿子，一心要把压在儿子身上的卡车抬起来，而再没有其他的想法，可以说是精神上的刺激产生的肾上腺素引发出潜在的力量。

### 一、人类的 9 种潜能

　　马克思在资本论中曾提出过人类"自身的自然中沉睡着的潜力"这个概念，并说这种潜力是体力和智力的总和。我们可以把体力潜能和智力潜能统称为人类潜能。每个人自身拥有的能量包括两种：一种是自身拥有的已经认识到的并已经被开发和应用的能量，或虽然已经认识到但尚未发挥的闲置的能量；另一种是自身拥有的但尚未认识到的能量，是一种蕴藏着的、深沉的、未能随心所欲地运用的能量。这种能量是一种先天遗传下来，浓缩了人类几千万年进化的种族力量，这种力量就是潜能。

科学家发现，人类贮存在脑内的能量大得惊人，人平常只发挥了极小的大脑功能，要是能够发挥一半的大脑功能，就可以轻易掌握 40 种语言，背诵整本百科全书，拿 12 个博士学位。从大脑解剖结构方面说，人类目前发挥了大脑功能的 10％，还有 90％的潜能没有得到发挥。英国智力研究人员托尼·巴赞曾提到每个人都具备 9 种潜能，通过训练，这些潜能都可以被开发。

## 1. 创造潜能

创造性不只是可以画一幅画或者会使用一种工具。做一顿晚餐是创造，侍弄花园也是创造，考虑如何让足球队战胜对手也需要有创造性。

你可以当个"想入非非"的人，每天至少浮想联翩 10 次。你不妨做个试验，起床时继续想你的梦并把它作为日记记录下来。通过游戏发挥你的创造性。用一根曲别针可以做出来哪些东西？想法会不会超过 16 种？如果可以，这说明你也像爱迪生一样富有创造性。

## 2. 个人潜能

如果能够做到使自己的内心处于平和状态，那么他就可以比较充分地发挥个人的潜能。只有了解自己而且内心充实的人，才能达到充分发挥个人潜能的目的。

经常检查对自己来说什么是好的、什么是不好的事情。每天享受 10 分钟的安静，对自己进行评价，目的是对自己生活中积极的和消极的事情有个更加清楚的认识。

## 3. 社会潜能

社会潜能同个人潜能相反，可以理解为组织能力，也可以理解为调动别人的积极性的能力。人与人之间的交往就是一种奇迹。每天，我们都在有意识地这样做。进了剧院，舞台就是建立社会关系的练习场地。如果一个聪明人和一个傻瓜在谈话，谁学到的东西更多？对这样的问题应该经常考虑，要学会多听别人的意见。

## 4. 精神潜能

精神智慧的人，不会仅仅看到个人的和自己所在集团的利益。他不只是聪明，而且是明智的，个人的价值观给他以动力。

如果你的价值观是明确的，你就会对自然产生灵感，你会享受到阳光的照射和鸟儿的歌唱，你会发现儿童天真的本质并感受到什么是健康。

## 5. 身体潜能

躯体拥有自身的潜能。无论是舞蹈演员，还是运动员，凡是靠体力工作的人都知道这一点。经常锻炼可以增强身体的潜能，为了使身体保持灵活，经常跳舞或者练瑜伽，吃健康食品，使运动成为习惯。

## 6. 感觉潜能

多数人进食不辨味道，没有感觉。我们的鼻子有 500 万个嗅觉感受器，我们的眼睛可以辨别 800 万种色彩。应该尽可能把人体内潜在的 5 种丰富的感觉能力充分发挥出来。

可以经常进行有意识的锻炼。经常练习分辨大自然的声音，例如各种鸟儿的叫声。体验能使自己皮肤舒服的衣服。

### 7. 计算潜能

许多人认为，计算能力是一种天才。这种看法是错误的。每个人都具备计算能力，这种能力需要被激发出来，好在所有数字都是由 10 个数码演变来的。

在用袖珍计算机计算之前，先用脑子计算。伟大的数学天才就是这样锻炼自己的能力的。

不妨经常进行这样的计算，即工作占用多少时间，同家人在一起的时间是多少，睡觉和学习又用去了多少时间。在日常生活中多注意数字，例如数数在超级市场的收款台前有多少人在排队，购物筐里有多少件商品。

### 8. 空间潜能

空间潜能就是看地图、组合各种形式以及使自己的身体正确通过空间的能力。

舒马赫就是一位空间天才。在赛车道上，他能够驾驶时速为 300 公里的法拉利赛车灵活地在其他 F1 赛车之间穿行。调查表明，伦敦的出租汽车司机的脑子随着开车时间增加越来越好使，因为他们把城市的情况都储存在脑子里了。社会活动有助于一个人的空间潜能的发挥。

### 9. 文字表达潜能

许多人在书写时用 1000 个词语，在说话时用 1100 个词语，并懂得 5000 个词语的意思。莎士比亚就是表达天才的典范。他在 37 部戏剧和 154 部作品中使用了 2.5 万个不同的词汇。

扩展你的文字财富。如果你开始时掌握 1000 个单词，哪怕每天只增加一个新的单词，那么一年后你的文字表达能力就会提高 40%。最好的办法是多看书、多练习写作。

## 二、潜能开发的相关理论

### 1. 什么叫潜能开发

潜能的最大特点是隐蔽性和原始性，潜能是各种能力的基础。在个人成长过程中，人通过个体认识过程的无意识积累，并与先天遗传的潜能融合在一起，当外部诱因出现时，往往会产生灵感或顿悟，进而把自己蕴藏的潜能调动出来，发挥意想不到的能力，这就是潜能开发。

人的潜能有多少？人类的潜能是无限的，这一点已被人类历史和现代科学所证实，也被人类的切身体验所证明。人的潜能就像海上冰山，已经被开发和应用的能量就像浮在海面上的冰山一角，蕴藏着的未被认识和开发的潜能就像深沉的海下冰山。

### 2. 潜能开发的理论意识和潜意识是不同的

意识是物质世界长期发展的产物，外界的信息反映到头脑，经过前额叶进行逻辑分析、思考和能动的改造，便形成意识。而潜意识则是不明显、不露出表面的大脑认知、思想等心智活动，它通过意识获取大量的信息而默不作声，它储存着整个人的力量，包括资料、能力和智慧，是意识的后盾、供应库和决策中枢。它具有记忆储存、自动排列、分类组合、随时应对各种检索、直接支配人的行为、超感和直觉、自动解决问题等功能。意识和潜意识共同参与大脑的运作，只要我们用意识的力量，去启动潜意识的力量，潜意识的能量就有可能提升至意识的层次，从而提升我们的思维创意。

### 3. 人脑具有三重构造

第一层是"爬虫类脑"，它依靠生命本能进行工作，其功能就是捕食和繁衍后代；第二层是大脑边缘系统的"猫狗脑"，它比"爬虫类脑"多一个"愉悦"的感觉，相当于感情的因素；第三层是大脑新皮质的"人脑"，即新哺乳类脑。大脑新皮质，用来思考、推理和判断，掌管人的理性智能。边缘系统，是潜意识的中心所在地，它所包括的海马体具有记忆功能，杏仁核具有控制情绪功能。传统的左、右脑两分法认为，左脑是逻辑脑，主管语言、文字、计算、逻辑思维等，右脑是直觉脑，主管情感、直觉、音乐、图像等。

新的观点认为，重要的事情由右脑支配，右脑把信息传递给左脑。右脑还有一个重要功能就是把人类长期积累的智慧作为遗传因子信息储藏下来，它储存的信息关联的跨度可能是几百年，甚至上千年、过万年，自有人类以来的意识宝藏都潜藏在右脑里。而左脑只储藏出生以来与之相关的一切信息，所以专家们把左脑定义为现代脑，把右脑定义为传统脑，或称祖先脑，右脑的信息量比左脑要大得不知多少万倍，认识右脑进而开发右脑，对人的潜能开发有着重要的意义。大脑各部分虽然各具功能，却又是一个相互联系的整体。新的研究观点还认为每个半脑都包含了另外半脑的很多功能。右脑无论多么机智，如果左脑不能发挥作用，事情就无法完成，当然，如果只注意训练左脑，不开发右脑，就只能进行分析，不可能产生飞跃。任何一种心理活动都是双脑协调活动的结果，任何一侧大脑的所谓优势都只具有相对的意义。如果我们有意识地运用自己多种不同的大脑功能，我们就有可能发挥出大脑的最大威力，不断提升我们的认识能力、记忆能力、创造性思维能力，从而发挥我们的潜能。

### 4. 潜能开发的泛脑学说

泛脑学说的主要观点认为，人的聪明睿智的信息在神经元体内传递的方式，是神经细胞体内一种称为神经递质的生化物的释放，不同的神经递质会令人的思想和行为有不同的反映。一个愉快信息输入大脑，脑神经细胞会释放出一种带有脑内吗啡的神经递质，这种生化物，通俗地讲，可称得上是一种愉快激素，它不但使人感到轻松、舒适和愉悦，同时还促使人不断想追求重复产生这种感觉，从而会推动人重复去做那些能够释放出这种脑内吗啡的行为。在脑内吗啡产生的同时，大脑便会呈现阿尔法脑电波，而阿尔法脑电波的产生，又可以提升人的记忆力、想象力、创造力，并有可能达到最佳状态。脑细胞的结构及其连接沟通，使我们明白，人的聪明睿智，不但取决于我们是否不断学习，同时还取决于我们是否愉快地学习。不断输入愉快的信息，使大脑不断释放脑内吗啡，有助于不断提升我们的创造能力。

### 三、个人潜能的组成因素和差异

潜能是代表一个人潜在的、尚未完全表现出来的能力倾向，它是个人发展的一种内在特质，是由智能、个性、兴趣、动机或价值观等多种因素构成的一个有机整体。个人潜能既包括一些天赋，又包括一些后天学习的经验，最终形成个人的一种独特风格。年龄不同，个人潜能组成的主要因素也不同。对于高中学生、大学生或从事某种职业者，个人潜能不仅包括智能和个性等被后天发展的天赋，还包括个人的兴趣、动机或价值观这些主要是后天形成的因素。

一个人的潜能能否充分发挥出来或得到发展，很大程度上取决于这些因素之间的有机组合、协调。如果某个专业或职业是一个人感兴趣的（兴趣因素），他认为是有价值的，值得去做的（动机因素），而且又有能力去做（能力因素），同时又适合去做（个性因素），那么就会做得很好，或者说，他的潜能就充分发挥出来。如果一个人对某个专业很有兴趣去学，但和本专业有关的能力却比较低，可能就会在很大程度上影响在这个专业上的潜能发展。例如，一个学生如果对语文和数学都非常感兴趣，但他的逻辑推理能力不如他的语言能力，学习同样的一段时间，他在语文课程上可能会获得更高的成绩。

选择符合潜能发展的专业，不仅学得轻松愉快，更重要的是能获得一种成就感、价值感，从长远来看，能充分感受到人生的意义。

每个人的潜能都不尽相同，各有各的优势和弱点，这是因为这些潜能因素还包括许多方面。

从兴趣来看，由于每个人所生活的环境、家庭背景、接触到的人或事物不同，形成了各自不同的兴趣，就学生的学科兴趣而言，至少可以划分出20多种，如数学兴趣、文学兴趣、经济学兴趣等。一般来说，对感兴趣的学科，投入和保持的时间较多些，形成了优势兴趣中心。不感兴趣的学科，虽然因为要考试，也必须多花费时间，但一旦结束考试，可能很快就放弃。对于中学生而言，学科兴趣经历了从不稳定到稳定、从不确定到确定、从广泛到专一的过程。

从动机来看，因为每个人的价值观不同，可以分为文学、艺术、社会管理、研究、技术、常规等类型的动机。如有的学生，认为一生中做个文学家或文字工作者更有意义；而有的学生认为，做个技术专家更有价值。正因为动机表现不同，使人们在不同领域中，发挥了不同的潜能。

从能力来看，对学生而言，常常用九大能力来刻画具有不同能力的人。它们是一般学习能力、言语能力、数学逻辑能力、空间判断能力、形态知觉能力、文秘能力、运动协调能力、人际关系能力等。如有的中学生才十几岁，却写出了洋洋洒洒数万字的小说，语言贴切、丰满，让人看了是一种享受，然而也许他的数学逻辑能力却糟糕，有的学生可能很早就表现出了音乐天赋，人际关系能力却可能不高等。

从个性来看，对于16岁以上的人而言，通常可以用16种个性特征来刻画，它们是乐群性、聪慧性、稳定性、有恒性、兴奋性、恃强性、敢为性、幻想性、实验性、忧虑性、紧张性、独立性等。世界上没有两个完全相同的人，所以每个人的个性都不相同，个性的优势和弱势也不同。

## 四、发现自我潜能的途径

认识和评价自我潜能必须全面、客观、深刻，既要看到自己的优势和长处，也要知晓自己的弱点和短处，可以参考父母、朋友、师长、专业咨询机构等第三者的意见，力争对自己有一个全面的认识。发现自我潜能的途径有如下两种。

第一种方式是借助亲近的人的评价发现自己的潜能。每一个人都有一个熟悉的生活圈子，不同年龄、性别、职业的人对你有不同程度的了解，在家庭主要有父母、亲戚，在外有朋友、同学、老师。长期的交往使他们对你有一定的印象和评价，大多中肯、客观，这对你了解自我的潜能起到了直接作用。

第二种方式是借助咨询机构来了解自我潜能和发展计划。专业咨询机构一般会设计比较具体的问题，形成一套有一定信度和效度的、标准化的测量工具，再辅之以和专业咨询人士面对面的交谈，最后达到解决问题的目的。

## 五、开发潜能的方法

### 1. 给予自己积极的暗示

暗示是一种信息作用与反作用的双向过程，信息本身的性质有正面积极和负面消极之分。正面积极的暗示可以帮助人们达成自己的心愿，而负面消极的暗示却能导致失败。经常给予自己积极的暗示，有利于提高自己的信心和勇气，能帮助我们发掘潜能。

暗示之所以能开发人的潜能，是因为当暗示通过显意识进入潜意识之中，它便会从根本上影响着、折射着、塑造着人的生命，暗示在深层潜意识中会深沉地潜伏着、持久地延续着、多方地沟通着，但暗示所积累和沉淀的各种因素，一般都处于被压抑、被封锁、被束缚和被控制的状态，只有遇到偶然的机会才在显意识中出现，表现为灵感、直觉等。如果一个人经常对自己说，我真没有记性，我真笨，我学习成绩不好，那么他的潜意识将作出相应的反应，大脑活动程序就会按否定的方式指挥其行动；但如果改变其否定的语言，他的大脑就会按肯定的方式指挥其行动。暗示还通过自我解释发挥作用，对事物的解释方法能深刻地左右人的情绪，往好的方面解释与往坏的方面解释，结果是截然相反的。

根据潜意识这些特点要求，暗示时身体要放松，语句要简明，内容要具积极性、确定性、可行性，要注入感情、配合想象，要把握晚上睡前、早上醒来的时间，要不断地重复，才能形成稳定的习惯，发挥自己的潜能。

### 2. 通过放松入静，开发人的潜能

放松是一种心身整体意义上的主动调节，它通过调节呼吸、稳定情绪、平静心态、思想专一、内心平和、排除杂念，使人精神舒畅，解除压力，增强注意力、记忆力，提高大脑对外界环境知觉的敏锐性。

放松是进行快速、有效学习的关键，通过放松能够释放潜能。放松方法很多，如呼吸放松法能使人产生舒适安逸的状态。又如想象放松法，在自己的内心深处想象建造一所心灵静室，集中意念，运用五官参与练习，发挥创造力，想象一些正面的、快乐有趣的事情，促进思维活动与免疫系统之间的联系，有效地调节情绪，愉悦身心，抑制疾病的发展，开发潜能。

### 3. 通过自我想象树立超我形象，开发人的潜能

在心中想象出一个比自己更好的"自我"形象，能够激励自己的斗志，有利于释放自己的潜能。

美国的笛福森，45 岁以前一直是一个默默无闻的银行小职员。周围的人都认为他是一个毫无创造才能的庸人，连他自己也看不起自己。然而，在他 45 岁生日那天，他读报时受到报上登载故事的刺激，遂立下大志，决心成为大企业家。从此，他前后判若两人，以前所未有的自信和顽强毅力，破除无所作为的思想，潜心研究企业管理，终于成为一个颇有名望的大企业家。

任何成功者都不是天生的，成功的根本原因是开发了人的无穷无尽的潜能。只要你抱着积极的心态去开发你的潜能，你就会有用不完的能量。相反，如果你抱着消极心态，不去开发自己的潜能，那么只有叹息命运不公。

每个人都有两副脸孔，一副是自己在镜中看得到的自我形象，另一副是存在于自己潜意识之中的自我形象，这个自我形象是自我经历、自我体验、自我认识、自我评价在自己潜意识中综合形成的图像，自我形象有积极肯定与消极否定之分。一个人的自我形象可左右自己的个性和行为，可以拓展个人成就的边界。但要创造体验一个良好的自我形象是不容易的，因为当一个人还没有真正觉察到自己是个什么样的人的时候，往往抱有自卑心理，使自己变得消极。因此需要自我评估，充分认识自己的能力和人格特质，帮助自己强化优点，进而塑造出一个比原来想象中的形象还要更好的自我形象，成为超我形象。超我形象的形成需要想象加体验，通过自我观想和强烈的心理暗示，不断想象自己期盼的结果，并把自己的形象长期放置在自己心灵的眼睛面前，自己就会越来越与它相近，最终发挥出自身的潜能。据实验报道，通过放松入静和自我观想训练，能使不同年龄的人的学习效率提高 5～50 倍。

### 4. 通过语言、行为和思考模式的程式化，开发人的潜能

人的行为和思考模式受神经系统的控制，人们通过五官接收外界信息的同时，在神经系统进行内在思考的过程中，不同的语言，包括对外沟通的有声的语言和内在思考的

无声语言，对神经系统都会产生不同的影响和作用。专家们认为一个人所经历过的经验都存在于脑子中，只要通过五类感觉器官和各种有关的次感元的帮助，就可以改变大脑内在的记忆，从而改变一个人的感受、情绪和心态。例如，当我们回忆一段美好的片段，运用颜色、光亮度、大小距离、音量、声调、节奏等次感元，画面就会越来越清晰，再把它慢慢拉近、放大，就改变了经验的强度，从而使大脑这段内在的记忆更为深刻，使人处于一种快乐、振奋的心态之中。如果我们用同样的方式回忆一段痛苦的画面，就会使人产生一种悲伤、沮丧的心态。运用这种方法技巧，可以把积极的心态变得更强和更有力，同样，也可以把消极的心态由模糊记忆逐步淡忘以至完全消失。可见，只要改变脑海中存在问题的对应画面，就可以改变一切。人们只要懂得运用神经链接，就能改变情绪、心态、行为和习惯，就能提升创造性思维能力，更好开发潜能。

**5. 掌握光明思维技术，建立创造性思维模式，开发人的潜能**

反映模式是长期经验形成的，一旦形成会有相对的稳定性。一个人如果习惯于消极否定的反映模式，他对外界事物的看法，往往呈现出消极的心态，他看到的全是消极的现象；相反，如果习惯于积极肯定的反映模式，他对外界事物的看法，往往呈现出积极的心态，他看到的都是积极的现象。积极的心态能激发潜能的启动，消极的心态会抑制潜能的发挥。要转变思维模式，学会光明思维。光明思维是一种着眼于事物的光明面，推动事物向光明方面转化的思维技术，它能分泌脑内啡呔，这种荷尔蒙能够保持身心年轻，心情愉快，甚至有可能消灭癌细胞。光明思维的背景是积极的心态，积极心态是潜能开发的重要条件。

怎样掌握光明思维技术？首先要寻找生活的光明面，同时会运用暗示获得积极的心态，会运用语言技巧，用积极的、肯定的语言排除消极的、否定的语言信息；用乐观积极的说法替换悲观消极的说法；用正确的引喻切换不正确的引喻。养成凡事都往好方面着想的习惯，从而保持积极乐观的心态。使自己经常处于创造性思维状态，更好地激发运用自己的潜能。

有这样一则小故事：有两个人到大都市闯天下。其中一个人听到一瓶矿泉水都要2元时，认为在城市无法生存。相反，另外一个人则想，在城市中连水都能卖钱，什么东西不能卖钱呢？后来，他成为一个水泥大王。我们看待自己也是这样，用光明思维法，就会发现自己内在的潜能。

**6. 控制情绪，提高情商，开发人的潜能**

开发潜能的一个重要方面是如何控制情绪、提高情商。控制情绪可以增长智慧，运用情感能力可以影响生活的各个层面和人生的未来，还可以分泌脑内吗啡，有效地防止疾病。只有注重调整和控制个人情绪，提高人的情商，才能发挥情感潜能，把握人生。情绪与智慧是相互独立又有密切关系的两个部分。大脑边缘系统的杏仁核是人的情绪中心。大脑前额叶是人的智慧中心，情绪并不完全受理智的支配，当智慧中心在思考问题还未作出决定时，情绪中心往往已经主宰了我们的行为反映。但是，智慧中心和情绪中心又是可以互相管制和协调的。由于人的情绪与生理有密切的关系，一个人的喜怒哀乐等情绪会通过身体呈现在脸上表露出来，但人的情绪也会随着脸上神情的改变而改变。正确运用情绪来为自己服务，就能提高自我觉察能力，并能自我调整、自我安慰、自我控制、自我转化，与外界环境相适应。

**7.** **运用运动肢体法协调左右半球功能，活化右脑，开发人的潜能**

手指的活动能刺激大脑皮层中手指运动中枢，从而使智力得到提高。教育家蒙台梭利说"儿童的智慧在儿童的手指尖上"。儿童的思维就是由运动所支配的。手使脑得到发展，使它更聪明，脑又使手得到发展，使它变成创造的、聪明的、思维的工具和镜子。因此要加强手指灵巧训练。

要想活化右脑，开发潜能，一要有意识地使用左手左脚，使用左侧视觉和左侧听觉，刺激左半身的感官和神经。二要锻炼类型识别能力，如记住围棋、象棋的布局，记住路上遇到的所喜欢的人的面孔，将周围的人的长相进行分类等。三要锻炼图形识别能力，如做笔记时多用图形。四要锻炼绘画意识，日常要有意识地眺望自然风景，有意识地找出自己喜欢的绘画或摄影作品，观察并记住别人的舞蹈动作。五要锻炼形象思维能力，如读小说时联想具体场景，用珠算法练习心算能力。六要锻炼空间认知能力，玩折纸游戏，仰望天空浮云，改变上下班路线等。七要锻炼各种感觉，如通过各种眼球转动运动，整合左右视界，改善视觉深度，帮助平衡和协调，使大脑皮层得到刺激和发展；还要多识别各种气味，多品尝各种味道，多接触各种触觉刺激等。八要多听巴鲁克古典音乐，多听鸟叫和虫叫声音。九要多进行想象力训练，把要运用和掌握的东西，全部在脑子里绘画组合，因为想象由右脑产生，左脑引导再到右脑出现，有利右脑能力的提高。

# 培育创新思维

### 学习引导

有一位著名的女高音歌唱家名叫玛·迪梅普莱，她在当地有一个私人园林。每到周末都会有不少人来这里摘鲜花，拾蘑菇，捉蜗牛；有的甚至还会搭起帐篷，燃起篝火，在草地上野营野餐，常常弄得园林一片狼藉，肮脏不堪。根据迪梅普莱的指示，负责管理园林的管家让仆人在园林的四周围上篱笆，竖起"私人园林禁止入内"的木牌，并派了人在园林的大门看守，但都无济于事，许多人依然通过各种隐蔽的方式进入园内。

**想一想**：如果你是园林主，你会采取什么样的措施？

_____

_____

_____

**思维导航**：这个例子是最典型的直线思维习惯方式，但是结果并没有达到预期的效果，反而更刺激了人们想进去一探究竟。那么最后的解决办法是什么呢？迪梅普莱叫人做了一些大大的木牌子立在各个路口，上面醒目地写明："请注意！你如果在林中被毒蛇咬伤，最近的医院离此 15 千米，驾车半小时可到。"此后，进入园林的人便寥寥无几了。

## 一、思维和思维定式

思维是一种复杂的心理现象，是人的大脑的一种能力。

思维惯性是指这次这样解决了一个问题，下次遇到类似的问题或表面看起来相同的问题，不由自主地还是沿着上次思考的方向或次序去解决问题的思路。

思维定式是指由先前的活动而造成的一种对活动的特殊的心理准备状态，或活动倾向性。思维定式是一种按常规处理问题的思维方式，它可以省去许多摸索、试探的步骤，缩短思考时间，提高效率。在日常生活中，思维定式可以帮助我们解决每天碰到的 90％以上的问题，但是思维定式不利于创新思考，不利于创造。

## 二、常见的思维误区

### 1. 直线型思维

直线型思维是指一种单维的、定向的、缺乏辩证的思维方式，但同时也被认为是以最简洁的思维历程和最短的思维距离直达事物内蕴的最深层二次的一种思维方式。养成了直线型思维习惯，就不善于从侧面、反面或迂回地去思考问题，不免会陷入思维的误区。

### 2. 权威型思维

权威型思维表现为对权威尊敬甚至崇拜，不敢逾越权威半步，不敢怀疑权威的理论和观点。

1900 年，著名教授普朗克和儿子在花园里散步，他神情沮丧，很遗憾地对儿子说："孩子，十分遗憾，今天有个发现，它和牛顿的发现同样重要。"他提出了量子力学假设及普朗克公式。他沮丧这一发现破坏了他一直崇拜并虔诚地信奉为权威的牛顿的完美理论；他最终宣布取消自己的假设。人类本应因权威而受益，却不料竟因权威而受害，由此使物理学理论停滞了几十年。25 岁的爱因斯坦敢于冲破权威思想，大胆突进，赞赏普朗克假设并向纵深引申，提出了光量子理论，奠定了量子力学的基础。随后又锐意突破了牛顿的绝对时间和空间的理论，创立了震惊世界的相对论，一举成名，成为了一个更伟大的权威。

### 3. 从众型思维

从众心理，就是不敢带头，不冒尖，一切都随大流的心理状态。心理学家曾做过这样一个实验：把一群毛毛虫放在一个盘子的边缘，让它们一个紧跟着一个，头尾相连，沿着盘子排成一圈。于是，毛毛虫们开始沿着盘子爬行，每一只紧跟着一只，既害怕掉队，也不敢独自走新路。它们连续爬了七天七夜，终于因饥饿而死去。而在那个盘子的中央，就摆着毛毛虫喜欢的食物。这就是典型的从众型思维障碍。

### 4. 书本型思维

由于对书本知识的过分相信而不能突破和创新的思维方式，称为书本型思维。

### 5. 自我中心型思维

有些人思考问题时总是以自我为中心，这种思维方式就是自我中心型思维。

6. 其他类型的思维

(1)自卑型思维：由于过去的失败或成绩较差，受到过别人的轻视，产生了自卑心理。

(2)麻木型思维：表现为不敏感，思维不活跃。

(3)偏执型思维：他们大多颇为自信，但有时爱钻牛角尖，明知这条道路走不通，非要往前闯，直到碰得头破血流才罢休。

### 三、走出思维误区，超越自我

所谓"超越"实际上也是一种思维方式。这种思维方式，就是站在时代的制高点，超越时空的限制，根据对客观规律的正确认识，对事物的发展趋势进行正确的判断，从而做出科学的决策。只有超越才有创新，超越既不是拘泥于现实的墨守成规，也不是脱离实际的凭空幻想。

## 第二节　发散思维

### 学习引导

#### "阿托搬家中心"

日本著名的女企业家寺田千代原是一位个体运输户，20世纪70年代爆发了世界石油危机，运输行业日益衰落，于是她决定创办一个搬家公司。"要爬就爬高山，要摘就摘红旗"是她一贯的做法，因此她开始研究怎样才能让自己的搬家公司发展得更好。

首先，她想到的是公司应该有一个便于人们在电话簿上寻找和记忆的名字。日本的电话号码簿是按行业分类排列，在同一行业中，各个企业的排名先后，是以企业日语名称的第一个字母按顺序排列。日语的第一个字母是"阿"，于是寺田千代便给公司取名为"阿托搬家中心"。这样，她的公司便有了名字。按照传统的搬家公司运营模式，搬家公司只是负责帮助客户把东西从旧宅搬到新址即可。寺田千代想打破这种服务方法，为了将"令人头疼的搬家"变为"一次愉快的旅程"，她将负责运输货物的运输车分成两部分，前部分分为上下两层，第一层是驾驶室，第二层是娱乐厅，里面有舒适的沙发、电视、小型影院、棋牌桌等，后部分负责装载家用电器。她还为她的运输车取了一个美妙动听的名字"21世纪的梦"。

寺田千代考虑到，顾客在搬家时不免会有许多相关的杂事需要处理。比如，新居室的室内设计、装修，室外环境的清扫和消毒，小孩的转学问题，更改水电供应等，她的公司全部可以代为办理。据统计，寺田千代通过围绕"搬家"这一中心事物而朝四面八方联想，想出和确定下来的有关搬家的服务项目多达300余项。"阿托搬家中心"于1977年6月作为股份公司正式成立后，由一个地区性的小企业，一跃成为在全国有几十家分公司的中型企业。"阿托搬家中心"先进的搬家技术专利，还远销到了东南亚和美国。

资料来源：楚渔．中国人的思维批判．第2版．北京：人民出版社，2011．

**想一想：** 寺田千代的公司为什么会成功？

_____

_____

_____

_____

_____

**思维导航：** 做任何事都有诀窍，要敢于在解决问题时打破旧规则、旧方法的束缚，寻求新方法与新途径。寺田千代并不拘泥于传统的思维方式，而是充分发挥发散思维的魔力，研究人们在搬家前、搬家时和搬家后所要处理的各种事情，找到她的公司可以为客户服务的项目，使她的公司在同类行业中处于优势，在竞争中脱颖而出。

## 一、发散思维的种类

### 1. 立体思维

人们进行思维活动时总会受过去的生活经验和已有思维方法的影响。对于大多数人来说，平面几何是他们比较熟悉的知识，当他们碰到几何问题时，也往往先从平面几何而不是立体几何的角度进行思考。这时，为他们所牢固掌握的平面几何也就成了他们思考问题的框框。立体思维要求人们思考问题时跳出点、线、面的限制，有意识地从上下左右各个方向去考虑问题，也就是要"立起来思考"，例如：

立体绿化——屋顶花园增加绿化面积，减少占地，改善环境，净化空气；

立体农业、间作——如玉米地里种绿豆，高粱地里种花生等；

立体森林——高大乔木下种灌木，灌木下种草，草下种食用菌；

立体渔业——网箱养鱼充分利用水面、水体。

### 2. 平面思维

平面思维是指人的各种思维线条在平面上聚散交错，它的本质是联系和想象，这种思维具有跳跃性和广阔性。

### 3. 逆向思维

逆向思维背逆通常的思考方法，而从相反方向思考问题。例如，化学能可以产生电能，据此意大利科学家伏打1800年发明了伏打电池；反过来电能也能产生化学能，通过电解，英国化学家戴维在1807年发现了钾、钠、钙、镁、锶、钡、硼七种元素。说话声音高低能引起金属片相应的振动，相反金属片的振动也可以引起声音高低的变化。爱迪生在对电话的改进中，发明制造了世界上第一台留声机。

### 4. 侧向思维

从与问题相距很远的事物中受到启示，从而解决问题的思维方式称为侧向思维。当一个人为某一问题苦苦思索时，在大脑里形成了一种"优势灶"，一旦受到其他事物的启发，就很容易与这个"优势灶"产生反应，从而解决问题。

### 5. 横向思维

横向思维是相对于纵向思维而言的一种思维形式。纵向思维是按逻辑推理的方法直上直下的收敛性思维。而横向思维是当纵向思维受挫时，从横向寻找问题答案。正像时间是一维的，空间是多维的一样，横向思维与纵向思维则代表了一维与多维的互补。最早提出横向思维概念的是英国学者德博诺，他创立横向思维概念的目的是针对纵向思维的缺陷，提出与之互补的思维方法。

### 6. 组合思维

组合思维是从某一事物出发，并以此为发散点，尽可能多地与另一（或一些）事物联结成具有新价值（或附加价值）的事物的思维方式。例如，物理学上，牛顿组合了开普勒天体运行三定律和伽利略的物体垂直运动与水平运动规律，从而创造了经典力学，引起了以蒸汽机为标志的技术革命。

在科学领域、商业以及其他行业都有大量的组合创造的实例。但组合不是随心所欲地拼凑，而是要遵循一定的科学规律进行有机的最佳组合。

## 二、发散思维的方法

（1）材料发散法：以某个物品尽可能多的"材料"为发散点，设想它的多种用途。

（2）功能发散法：从某事物的功能出发，构想出获得该功能的各种可能性。

（3）结构发散法：以某事物的结构为发散点，设想出利用该结构的各种可能性。

（4）形态发散法：以事物的形态为发散点，设想出利用某种形态的各种可能性。

（5）组合发散法：以某事物为发散点，尽可能多地把它与别的事物进行组合形成新事物。

（6）方法发散法：以某种方法为发散点，设想出利用该方法的各种可能性。

（7）因果发散法：以某个事物发展的结果为发散点，推测出造成该结果的各种原因，或者由原因推测出可能产生的各种结果。

## 三、思维导图——发散思维的表达工具

### （一）认识思维导图

思维导图又叫心智图，是表达发散性思维的图形工具，它简单却又极其有效，是一种革命性的思维工具。思维导图运用图文并重的技巧，把各级主题的关系用相互隶属与

相关的层级图表现出来，把主题关键词与图像、颜色等建立记忆连接，思维导图充分运用左右脑的机能，利用记忆、阅读、思维的规律，协助人们在科学与艺术、逻辑与想象之间平衡发展，从而开启人类大脑的无限潜能。

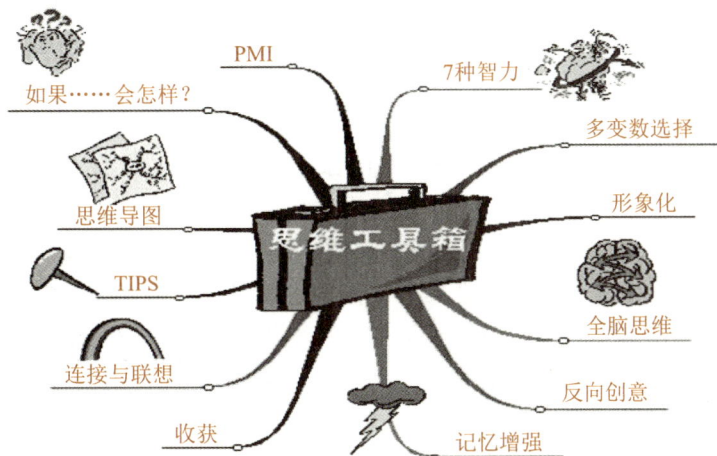

思维导图是一种将发散性思考具体化的方法。我们知道发散性思考是人类大脑的自然思考方式，每一种进入大脑的资料，不论是感觉、记忆或想法，包括文字、数字、符码、食物、香气、线条、颜色、意象、音符等，都可以成为一个思考中心，并由此中心向外发散出成千上万的关节点，每一个关节点代表与中心主题的一个发散，而每一个联结又可以成为另一个中心主题，再向外发散出成千上万的关节点，呈现出放射性立体结构，而这些关节的联结可以视为你的记忆，也就是你的个人数据库。人类从一出生即开始累积这些庞大且复杂的数据库，大脑惊人的储存能力使我们累积了大量的资料，经由思维导图的发散性思考方法，除了增加资料的累积量外，更多的是将数据依据彼此间的关联性分层分类管理，使资料的储存、管理及应用因更系统化而增加大脑运作的效率。同时，思维导图是最能善用左右脑的功能，借助对颜色、图像、符码的使用，不但可以协助我们增强创造力，也让思维导图更轻松有趣，且具有个人特色及多面性。

思维导图以发散性思考模式为基础，除了提供一个正确而快速的学习方法与工具外，运用在创意的联想与收敛、项目企划、问题解决与分析、会议管理等方面，往往产生令人惊喜的效果。

### (二)绘制思维导图的步骤

思维导图就是借助文字将你的想法"画"出来，因为这样才更容易记忆。在绘制过程中，需要用色彩将一长串枯燥无味的信息变成丰富多彩的、便于记忆的、有高度组织性的图画，以便接近于大脑平时处理事物的方式。

思维导图绘制工具如下：一张白纸，彩色水笔和铅笔数支，你的大脑，你的想象。在绘制过程中，你还可以拥有更适合自己习惯的绘图工具，比如成套的软芯笔，色彩明亮的涂色笔或钢笔等。

绘制思维导图的具体步骤如下。

(1)从一张白纸的中心开始绘制,周围留出空白。从中心开始画图,可以使你的思维向各个方向自由发散,能更自由、更自然地表达出你的思想。

(2)在白纸的中心用一幅图像或者画面来表示中心思想。因为一幅图画可以抵得上1000个词汇或者更多,图像不仅能激发你的创造性思维,帮助你运用想象力,还能强化你的记忆。

(3)尽可能多地使用各种颜色。因为颜色和图像一样能使你的大脑兴奋,颜色能够给你的思维导图增强跳跃感和生命力,为你的创造性思维增添巨大的能量。此外,自由地使用颜色绘画本身也非常有趣。

(4)将中心图像和主要分支连接起来,然后把主要分支和二级分支连接起来,再把三级分支和二级分支连接起来,依此类推。我们的大脑是通过联想来进行思维活动的,如果把分支连接起来,你会更容易理解和记住许多东西。把主要分支连接起来,同时也创建了你思维的基本结构。其实,这和自然界中大树的形状极为相似:树枝从主干生出,向四面八方发散。假如大树的主干和主要分支,或主要分支和更小的分支以及分支末梢之间有断裂,那么它就会出现问题。

(5)让思维导图的分支自然弯曲,不要画成一条直线。曲线永远是美的,大脑会对直线感到厌烦。美丽的曲线和分支,就像大树的树杈一样更能吸引你的眼球。

(6)在每条线上使用一个关键词。所谓关键词,是表达核心意思的字或词,可以是名词或动词。关键词应该是具体的、有意义的,这样才有助于记忆和联想。单个的词语使思维导图更具有力量和灵活性。每个关键词就像大树的主要枝杈,然后繁殖出更多与它相关的、互相联系的一系列次级枝杈。当你使用单个关键词时,每一个词都更加自由,因此也更有助于新想法的产生,而短语和句子却容易扼杀这种火花。

(7)自始至终使用图形。思维导图上的每一个图形,就像中心图形一样,可以胜过千言万语。所以,如果你在思维导图上画出了10个图形,那么就相当于记了数万字的笔记。

以上就是绘制思维导图的步骤,这里还有几个技巧可供参考。

把纸横放,使宽度变大。在纸的中心画出能够代表你心目中的主体形象的中心图像,再用水彩笔任意表示出你的思路。先从图形中心开始画,标出一些向四周放射出来的粗线条,每一条线条都代表你的主体思想,尽量使用不同的颜色。在主要线条的每一个分支上,用大号字清楚地标上关键词,当你想到这个概念时,这些关键词立刻就会从大脑里跳出来。

运用想象力,不断改进思维导图。在每一个关键词旁边,画一个能够代表它、解释它的图形,用联想来扩展这幅思维导图。对于每一个关键词,每一个人都会想到更多的词。比如你写下"橙子"这个词时,你可以想到颜色、果汁、维生素C等。根据你联想到的事物,从每一个关键词上发散出更多的连线,连线的数量根据你的想象可以有无数个。

思维导图借助文字将个人想法"画"出来,通过思维导图你不仅可以了解大脑工作的步骤和原理,还便于你记忆。

## 第三节 收敛思维

### 学习引导

在日本丰田汽车公司，曾经流行一种管理方法——"追问到底"法。就是说，对公司新发生的每一件事，都采用追问到底的态度，以便找出最终的原因。一旦找到了最终原因，那么对于一连串的问题也就有了深刻的认识。

公司的某台机器突然停了，员工就会沿着这条线索进行一系列的追问：

问："机器为什么不转了？"

答："因为保险丝断了。"

问："为什么保险丝会断？"

答："因为超负荷而造成电流太大？"

问："为什么会超负荷？"

答："因为轴承枯涩不够润滑。"

问："为什么轴承枯涩不够润滑？"

答："因为油泵吸不上来润滑油。"

问："为什么油泵吸不上来润滑油？"

答："因为抽油泵产生了严重磨损。"

问："为什么油泵会产生严重磨损？"

答："因为油泵未装过滤器而使铁屑混入。"

追问到此，最终的原因就找到了。给油泵装上过滤器，再换上保险丝，机器就正常运行了。

**想一想**："追问到底"法使用了哪种思维方式？

_____

_____

_____

**思维导航：** 如果不进行上面这一番追问，只是简单地换上一根保险丝，机器照样立即转动，但用不了多久，机器又会停下来，因为最终原因没有找到。这种向着一个方向思考，从而解决问题的思维方式就是收敛思维。

### 一、认识收敛思维

收敛思维是创新思维的一种形式，它与发散思维不同，为了解决某一问题，在众多的现象、线索、信息中，向着问题一个方向思考，根据已有的经验、知识得出最好的结论和最好的解决办法。例如，洗衣机的发明就是如此，首先围绕"洗"这个关键问题，列出各种各样的洗涤方法，如用洗衣板搓洗、用刷子刷洗、用棒槌敲打、在河中漂洗、用流水冲洗、用脚踩洗等，然后再进行收敛思维，对各种洗涤方法进行分析和综合，充分吸收各种方法的优点，结合现有的技术条件，制订出设计方案，然后再不断改进，结果成功了。

## 二、收敛思维的方法

### 1. 辏合显同法

辏合显同法就是把所有感知到的对象依据一定的标准"聚合"起来，从而找到它们的共性和本质。例如，明朝时，江苏北部曾经出现了可怕的蝗虫，飞蝗一到，整片整片的庄稼被吃掉，颗粒无收。徐光启看到人民的疾苦，想到国家的危亡，毅然决定去研究治蝗之策。他收集了自战国 2000 多年以来有关蝗灾的资料。在这浩如烟海的材料中，他注意到蝗灾发生的时间，111 次蝗灾中，发生在农历四月的 19 次，发生在五月的 20 次，六月的 31 次，七月的 20 次，八月的 12 次，其他月份总共只有 9 次。从而他确定了蝗灾发生的时间，大多在夏季炎热时期，以六月最多。另外他从史料中发现，蝗灾大多发生在"幽涿以南、长淮以北、青兖以西、梁宋以东诸郡之地（相当于现在的河北南部，山东西部，河南东部，安徽、江苏两省北部）"。为什么多集中于这些地区呢？经过研究，他发现蝗灾与这些地区湖沼分布较多有关。他把自己的研究成果向百姓宣传，并且向皇帝呈递了《除蝗疏》。徐光启写《除蝗疏》的整个思维过程运用的思考方法就是"辏合显同法"。

### 2. 层层剥笋法

我们在思考问题时，最初认识的仅仅是问题的表层（表面），可能是很肤浅的东西，然后进行层层分析，向问题的核心一步一步逼近，抛弃那些非本质的、繁杂的特征，以便揭示出隐蔽在事物表面现象内的深层本质。

看过《福尔摩斯探案集》的人，都很为福尔摩斯的严密推理而拍案叫绝。福尔摩斯说："凡是异乎寻常的事物，一般不是什么阻碍，反而是一种线索。在解决问题时，最主要的是能够运用推理的方法，一层层地回溯推理。这是一种很有用的本领。"

### 3. 目标确定法

目标确定法就是确定搜寻目标，进行认真观察并做出判断，找出其中的关键，围绕目标定向思维，目标的确定越具体越有效。

### 4. 聚焦法

聚焦法就是指在思考问题时，有意识、有目的地将思维过程停顿下来，并将前后思维领域浓缩和聚拢起来，以便帮助我们更有效地审视和判断某一事件、某一问题、某一片段信息。

有一天，伽利略参加比萨大教堂的集会，牧师滔滔不绝的讲道丝毫未引起他的兴趣。他的思维焦点指向了大教堂天花板上的一盏吊灯，那盏吊灯在风的吹动下，不停地摆动着。他的思维停顿下来，聚焦在吊灯的摆动上。他聚精会神地注视着、思考着，经过观察，他发现吊灯摆动的振幅虽然慢慢减小了，但摆动的周期还是不变，即摆动周期与振幅无关。之后，他带着这个问题，进一步"聚焦"，观察了许多不同材料做成的不同形状的钟摆，得到了共同的结论。于是，钟摆摆动等时性原理由此而"聚焦"出来了。

## 第四节　逻辑思维

### 学习引导

战国时期，秦始皇受人挑拨，曾下令驱逐一切从别国来的客卿，楚人李斯当然也不例外。为此，李斯作《谏逐客书》争辩说："昔穆公求士，西取由余于戎，东得百里奚于宛，迎蹇叔于宋，求邳豹、公孙支于晋……并国二十，遂霸西戎。孝公用商鞅之法……举地千里，至今治强。惠王用张仪之计……遂散六国之众，使之西面事秦，功施到今。昭王得范雎……强公室，杜私门，蚕食诸侯，使秦成帝业。此四君者，皆以客之功。由此观之，客何负于秦哉！"

由此归纳推导出"地无四方，民无异国""用人唯才，不必本土"的一般结论，使秦始皇撤销了"逐客令"，恢复了李斯的官职。

**想一想**：李斯的《谏逐客书》蕴含了什么样的思维方式？

_____

_____

_____

**思维导航：**运用逻辑的力量能由个别的道理推出一般的道理。人们的认识过程，总是从认识个别事物开始，从个别中概括、推理出一般。

### 一、认识逻辑思维

逻辑思维是指在理性认识过程中，借助概念、判断、推理等思维形式以抽象和概括的方法来反映事物本质的思维活动和思维方式。逻辑思维具有规范、严密、确定和可重复的特点。逻辑思维的形式，简单来说，就是概念、判断和推理。

**1. 概念**

概念就是反映事物的本质属性的思维形式。概念具有两个基本特征，即概念的内涵和外延。概念的内涵就是指这个概念的含义，即该概念所反映的事物对象所特有的属性。例如，"商品是用来交换的劳动产品"。其中，"用来交换的劳动产品"就是概念"商品"的内涵。概念的外延就是指这个概念所反映的事物对象的范围，即具有概念所反映的属性的事物或对象。例如，"森林包括防护林、用材林、经济林、薪炭林、特殊用途林"，这就是从外延角度说明"森林"的概念。概念的内涵和外延具有反比关系，即一个概念的内涵越多，外延就越小；反之亦然。

概念对于人类来说，除了作为传递信息的符号外，还可以压缩思维操作过程，缩短人们的思维链。人们的思维往往有一个环环相扣的过程，这个过程就叫思维链。比如，早年人们发现树林里的空气很新鲜，为什么会新鲜？于是人们通过实验发现当阳光照在树叶上时，树叶在阳光的作用下吸收二氧化碳，呼出氧气，这就是"光合作用"。自从有了"光合作用"这个概念，人们便可以从具体的阳光、树叶、氧气、二氧化碳等思维过程中跨越出来。由此可知，每个人对概念都会有一些经由自己主观经验所形成的特殊意象，很少有人能够完全避开意象，专门就意义的部分与别人沟通。然而，学习逻辑首先就必须试着把意象放在一边，仅仅就概念的意义来与别人进行思想上的交流，因为意象会带来个人的种种情绪与反应，以至于很难达成交流的效果。

### 2. 判断

两个以上的概念结合在一起，会形成"判断"。任何一个判断都是由概念组成的，都是概念的展开。单个概念无法进行思维和表达思维，必须把多个概念联系起来，对事物有所肯定或否定。判断主要有直接判断与间接判断、肯定判断与否定判断等类型。

有一个最基本的判断模式是"A＝B"（A 就是 B）。A 代表主词，B 代表述词。举例来说，在"北大学生都是好学生"这个句子当中，"北大学生"和"好学生"分别各是一个概念，而通过"是"或者"不是"把这两个概念连接起来，就形成了一个判断，因此"北大学生都是好学生"这个句子就是一个判断句。任何一个完整的想法或者语句，都是一个判断。判断又称命题，表示当人把主张表达出来之后，就变成客观命题，可让他人看到、听到，甚至可以研究真伪。

判断共分为四种：全称肯定、特称肯定、全称否定、特称否定。在国际通用的符号当中，分别以 A、I、E、O 四个字母来代表这四种判断。全称与特称均针对主词而言，全称即"所有""全部"，特称即"有些""某一些"。以上面所举的"北大学生"与"好学生"为例，A、I、E、O 四个命题分别如下。

全称肯定（A 命题）：所有北大学生都是好学生。

特称肯定（I 命题）：有些北大学生是好学生。

全称否定（E 命题）：所有北大学生都不是好学生。

特称否定（O 命题）：有些北大学生不是好学生。

我们讲出来的任何一句话都可以还原到最基本的判断，而这个判断必然属于 A、I、E、O 四个命题中的一种。

### 3. 推理

推理是形式逻辑，是研究人们思维形式及其规律和一些简单的逻辑方法的科学。其作用是从已知的知识得到未知的知识，特别是可以得到不可能通过感觉经验掌握的未知知识。

推理主要有演绎推理和归纳推理。演绎推理是从一般规律出发，运用逻辑证明或数学运算，得出特殊事实应遵循的规律，即从一般到特殊。演绎推理的最基本形式就是三段论，其结构是这样的：所有 M 都是 P；所有 S 都是 M；所以，所有 S 都是 P。

例如，所有金属都是有光泽的；所有铁都是金属；所以，所有铁都是有光泽的。

归纳推理就是从许多个别的事物中概括出一般性概念、原则或结论，即从特殊到一般。

## 二、逻辑思维的方法

### 1. 分析与综合

分析是在思维中把对象分解为各个部分或因素，分别加以考察的逻辑方法。综合是在思维中把对象的各个部分或因素结合成为一个统一体加以考察的逻辑方法。

### 2. 分类与比较

根据事物的共同性与差异性可以把事物分类，将具有相同属性的事物归入一类，具有不同属性的事物归入不同的类。比较就是比较两个或两类事物的共同点和差异点，通过比较就能更好地认识事物的本质。分类是比较的后继过程，重要的是分类标准的选择，选择得好还可发现重要规律。

### 3. 归纳与演绎

归纳是从个别性的前提推出一般性的结论，前提与结论之间的联系是或然性的。演绎是从一般性的前提推出个别性的结论，前提与结论之间的联系是必然性的。

### 4. 抽象与概括

抽象就是运用思维的力量，从对象中抽取它本质的属性，抛开其他非本质的东西。概括是在思维中从单独对象的属性推广到这一类事物的全体的思维方法。抽象与概括和分析与综合一样，也是相互联系不可分割的。

## 第五节　辩证思维

### 学习引导

#### "头脑公司"与索尼、松下、东芝之争

在日本，索尼、松下、东芝、日立等颇有名气的公司都拥有一流的人才、一流的设备和雄厚的资金。可是，一个叫佐佐木明的年轻人创办了一家"微型系统科技公司"，偏偏要与索尼、松下争个高低。佐佐木明的"微型系统科技公司"的唯一商品是"向用户提供某种产品的设计"，因此也被人称为"头脑公司"。佐佐木

明是记者出身，一无专业技术，二无先进设备，三无雄厚资金，要想求得生存，谈何容易。佐佐木明的对策是：避开大公司的现有产品，瞄准大公司尚未开发的潜在市场，抢在大公司之前研制出新产品。日本是个经济大国，就业不困难，但是，要想找到一份好工作，没有名牌大学的文凭无疑是妄想。因此，日本的为人父母者都为孩子的学习操心，许多人不惜重金聘请家庭教师或是把孩子送入各类补习班补习。佐佐木明从这一司空见惯的现象中受到启迪，他对全国的中、小学生作了粗略统计，发现这是一个惊人的数字——3000万。这无疑是一个巨大的潜在市场。于是，一台专供中、小学生使用的"学习机"很快问世。"学习机"是一台类似微型计算机的设备，只要配以中、小学教材的软件就可做成，而且可以反复学习，比请家庭教师和上补习班要方便和实惠得多。"学习机"设计出来后，日本汤浅教育体系公司立刻买去了佐佐木明的"设计"，并投入批量生产。"学习机"为日本中、小学生的学习助了一臂之力，也为佐佐木明赢得了巨大的财富和荣誉。

**想一想：**佐佐木明和他的公司取得成功是运用了哪种思维方法？

_____

_____

_____

**思维导航：** 佐佐木明在进行分析和思考公司的市场定位时，运用了辩证思维的方法。他首先认清形势，对名牌公司的技术、设备、人才、产品、市场情况全面认识；然后，根据自己的条件，确定市场和产品；最后制定对策，即"避开大公司的现有产品，瞄准大公司尚未开发的潜在市场，抢在大公司之前研制出新产品"。

## 一、什么是辩证思维

辩证思维是指以发展变化的视角认识事物的思维方式，通常被认为是与逻辑思维相对立的一种思维方式。在逻辑思维中，事物一般是"非此即彼""非真即假"，而在辩证思维中，事物可以在同一时间里"亦此亦彼""亦真亦假"，而无碍思维活动的正常进行。

辩证思维指的是一种世界观。世间万物之间是互相联系、互相影响的，而辩证思维正是以世间万物之间的客观联系为基础而进行的对世界进一步的认识和感知，并在思考的过程中感受人与自然的关系，进而得到某种结论的一种思维。

辩证思维模式要求观察问题和分析问题时，以动态发展的眼光来看问题。

## 二、辩证思维的方法

### 1. 非此即彼法

非此即彼，即在两者之间必选其一。相传古希腊有一位年轻人，他决心以演讲为终身职业，这个选择遭到了他父亲的强烈反对。父亲对他说："孩子，你可得当心！说真话吧，富人显贵们会恨死你；说假话吧，贫民们不会拥护你。可是既然要演讲，你就得说真话，或是说假话。因此，你不是遭到富人显贵们的憎恨，就是遭到贫民们的反对，总之做演讲家是有百弊而无一利啊!"儿子听了,莞尔一笑,不紧不慢地回答说:"父亲,您不用担心。如果我说真话,那么贫民们就会赞颂我;如果我说假话,富人显贵们就会拥戴我。我不是说真话,就是说假话,因此不是贫民们赞颂我,就是富豪显贵拥戴我,这又何乐而不为呢?"

### 2. 对立统一法

对立统一思维法是由辩证思维的对立统一规律转化而来的一种规律方法,是对立统一规律在思维中的运用。辩证思维应当通过揭示思维对象自身统一中的对立和对立中的统一,从而具体地把握思维对象的辩证本性。

汉景帝时,御史大夫晁错为了巩固中央集权,消除藩王割据的被动局面,提出"重本抑末"的政策,为汉景帝所采纳,开始削夺各藩王的封地。此举大大触犯了刘姓藩王的利益。不久,吴楚等七国以"诛晁错,清君侧"为名,发动武装叛乱。晁错被政敌借机攻击中伤,为景帝所杀。其实在中央政权与地方藩王的斗争中,晁错的主张是完全正确的。即使不削藩,吴楚等七国也会伺机反叛,但削藩确实也更加刺激了他们。

到了汉武帝时期,削藩一事又被提上了议程,但武帝又恐重蹈"七国之乱"覆辙。这时有位一大臣献策,这次削藩不采取由中央政府将各藩王封地削减剥夺的办法,而是将其作为藩王们的内部事务处理,实行推恩,即废除以往封地只许藩王长子一人继承的规定,各诸侯王可以根据自己的喜好分封诸子弟为侯。武帝采取建议,下"推恩令",诸王皆大欢喜,而推恩越广,封侯越多,藩国的封地也越来越小,越来越分散,名存实亡,再也无力与中央政权相抗衡。

在如何削弱各藩国的力量,加强中央集权这一问题上,晁错的主张肯定是对的,但是在具体的策略上,他是失败的。到了汉武帝,其实主张与目的仍然是一样的,但由于采取了不同的思维方式,结果也就大大不同了。地方藩国与中央集权是对立的,前者越强大,对后者的威胁也就越大,可是直接剥夺显然是行不通的。那么能不能找到一种更可行的办法,既不直接剥夺藩王的封地,又能巩固中央集权呢?"推恩令"就集中体现出了这一点,既维护了现有各藩国的利益,又能巩固中央集权;既对立又统一,问题也就顺利解决。

### 3. 质量互变法

质量互变思维法是由辩证思维的质量互变规律转化而来的一种规律方法,是质量互变规律在思维中的运用。辩证思维应当依据思维对象的辩证法,通过从量变到质变和从质变到量变两种基本形式,从而具体地把握思维对象。

### 4. 换位法

换位思维法就是设身处地将自己摆在对方位置,用对方的视角看待问题。1956 年,在苏联共产党第二十次代表大会上,赫鲁晓夫作了秘密报告,揭露、批判了斯大林肃反扩大化等一系列错误,引起苏联人民及全世界各国的强烈反响,大家议论纷纷。由于赫鲁晓夫曾经是斯大林非常相信和器重的人，很多苏联人都怀有疑问：既然你早就认识到了斯大林的错误，那么你为什么早先没有提出过不同意见？你当时干什么去了？你有没有参与这些错误行动？

有一次，在党的代表大会上，赫鲁晓夫再次批判斯大林的错误，这时，有人从听众席上递上来一张纸条。赫鲁晓夫打开一看，上面写着："那时候你在哪里？"这是一个非常尖锐的问题，赫鲁晓夫很难作出回答，但他又不能回避这个问题，更无法隐瞒这个纸条，这样会使他失去威信，让人觉得他没有勇气面对现实。他也知道，许多人有着同样的问题。更何况，这会儿台下成千双眼睛已盯着他手里的那张纸条，等着他念出来。赫鲁晓夫思索了片刻，拿起纸条，通过扩音器大声念了一遍纸条的内容，然后望着台下，大声喊道："谁写的这张纸条，请你马上从座位上起来，走上台。"没有人站起来，所有的人都心怦怦地跳，不知赫鲁晓夫要干什么。写纸条的人更是忐忑不安，心里后悔刚才的举动，想着一旦被查出来会有什么结局。赫鲁晓夫又重复了一遍他的话，请写纸条的人站出来。全场仍死一般地沉寂，大家都等着赫鲁晓夫的爆发。几分钟过去了，赫鲁晓夫平静地说："好吧，我告诉你，我当时就坐在你现在的那个地方。"

### 5. 转化法

转化思维法即将一个问题由难化易，转化角度和思路的思维方法。多年前，英国首都伦敦地下铁道的站台入口处安装了世界上第一部电动楼梯。这本来是极好的事情，又省时又省力。可是出乎设计安装者的意料，人们对这件发明的态度异常保守。电动楼梯开动之后，乘客和爱看热闹的人在入口处围了里三层外三层，个个流露出惊奇和不信任的神情，只有几个胆量大的人上去试了一试。虽然试乘的客人都安然无恙地到达了顶点，一向以谨慎稳健著称的伦敦人依然对电动楼梯的可靠性持怀疑态度，谁也不肯贸然启足。一连数日，尽管电动楼梯始终开个不停，搭乘者却寥寥无几。最后还是管理处的一名工作人员想出了一个办法，才很快摆脱了困境。

原来，他们想的办法是雇用一位装着木制假腿的残疾人，让他在众目睽睽之下不停地乘电动楼梯上下。在残疾人一天的现身说法和表演下，大家想，一条腿的人都安然无恙，我们还担心什么呢？于是人们纷纷踏上了电梯。

## 第六节  想象思维和联想思维

### 学习引导

#### 韩信点兵

韩信是我国历史上有名的将领。有一天，刘邦想试一试韩信的智谋。他拿出一块五寸见方的布帛，对韩信说："给你一天的时间，你在这上面尽量画上士兵。你能画多少，我就给你带多少兵。"站在一旁的萧何想：这一小块布帛，能画几个兵？急得暗暗叫苦。

不想韩信毫不迟疑地接过布帛就走。第二天，韩信按时交上布帛，上面虽然画了些东西，但一个士兵也没有。刘邦看了却大吃一惊，心想韩信的确是一个胸有兵马千万的人才，于是把兵权交给了他。

资料来源：刘希平. 学会思维. 天津：百花文艺出版社，2010.

**想一想：**韩信在布帛上究竟画了些什么呢？

_____

_____

_____

**思维导航：**韩信在布帛上画了一座城楼，城门口战马露出头来，一面"帅"字旗斜出。虽没见一兵一卒，却可想象到千军万马。在这个小故事中，韩信充分运用了想象思维的方法，为自己赢得了带兵的权力。

## 一、想象思维及其特征

想象思维是人脑通过形象化的概括作用对头脑内已有的记忆表象进行加工、改造或重组的思维活动。它是形象思维的具体化，是人脑借助表象进行加工操作的最主要形式。想象思维具有如下特征。

### 1. 形象性

想象思维操作活动的基本单元是表象，是一些静止或活动的画面，如照片、电影等。

### 2. 概括性

想象思维实质上是一种思维的并行操作，即一方面反映已有的记忆表象，另一方面把已有的表象变换、组合成新的图像，达到对外部时间的整体把握，所以概括性很强。

### 3. 超越性

想象的最宝贵特性是可以超越已有的记忆表象的范围而产生许多新的表象，这正是人脑的创造活动最重要的表现。这方面的例子是很多的，特别是一些重大的发明创造，都离不开超越性的想象。

## 二、想象思维的类型

想象思维在创新中起着重要作用。例如，古代人们幻想的"嫦娥奔月""呼风唤雨""点石成金""飞天"，如今都变成了现实。文学家、艺术家要创作出优美的作品，就需要发挥想象力，在欣赏作品时也需要发挥想象力。在进行想象思维时，一般有两种方法，即不受意识主体支配的无意想象和受主体意识支配的有意想象。

### 1. 无意想象

无意想象是不受意识主体支配的想象。思维主体没有特定的目的性，可以让思维的翅膀任意飞翔，达到一种非常自由的状态。例如，梦是无意想象的典型形式，此外疾病引起的不随意想象，药物引起的不随意想象都是无意想象。

### 2. 有意想象

有意想象是受主体意识支配的思维活动。在这种状态下，思维总是在创新者的目的需要系统的支配下进行。根据有意想象的新颖性、独立性和创造性程度的不同，可以把有意想象分为再造想象和创造想象。

再造想象是指根据语言的描述、图形或符号示意，在人脑中产生的有关事物新形象的过程。形成正确的再造想象有赖于两个条件：一是正确理解词语描述的图形或符号标志意义；二是丰富的表象储备。再造想象有一定的创造性，但独立性也较差。它是了解和掌握知识必不可少的条件，对人格的塑造也有重要作用。

创造想象是指根据一定的目的和任务，不依据现成的描述，在人脑中独立创造事物新形象的心理过程。创造想象是一种比再造想象更复杂的智力活动，它的产生依赖于社会实践的需要、个体强烈的创造欲望、丰富的表象储备、高水平的表象改造能力以及思维的积极性等主、客观条件。创造想象具有独立性、首创性、新颖性的特点，是人类创造性活动不可或缺的心理成分。

## 三、联想思维

联想思维是指在人脑内记忆表象系统中由于某种诱因使不同表象发生联系的一种思维活动。联想思维和想象思维可以说是一对孪生姐妹，在人的思维活动中都起着基础性的作用。其特点可以表述为跳跃性连接、形象性和概括性。联想思维包括如下五种思维方法。

### 1. 接近联想

时间或空间上的接近都可以引起不同事物之间的联想。诗歌中时空接近的联想的佳句很多，如："春江潮水连海平，海上明月共潮升，滟滟随波千万里，何处春江无月明。"春江、潮水、大海与明月（既相远又相近）联系在一起。

### 2. 相似联想

从外形、性质上或意义上的相似引起的联想，都是相似联想。例如，"春蚕到死丝方尽，蜡炬成灰泪始干"就属于相似联想。

### 3. 对比联想

由事物间完全对立或存在某种差异而引起的联想（相反特征的事物或相互对立的事物间所形成的联想），就是对比联想。文学艺术的反衬手法，就是对比联想的具体运用。例如，描写岳飞和秦桧的诗句"青山有幸埋忠骨，白铁无辜铸佞臣"就属于对比联想。

### 4. 因果联想

由于两个事物存在因果关系而引起的联想，就是因果联想。这种联想往往是双向的，可以由因想到果，也可以由果想到因。例如有个因果联想的笑话："如果大风吹起来，木桶店就会赚钱。"这是怎么进行联想的呢？当大风吹起来—沙石就会漫天飞舞—以致瞎子增加—琵琶师就会增多—越来越多的人以猫毛代替琵琶弦—猫会减少—老鼠增多—老鼠会咬破木桶—木桶需求量大增—木桶店就会赚钱。

### 5. 类比联想

类比法就是通过对一种事物与另一种（类）事物对比，而进行创新的方法。其特点是以大量联想为基础，以不同事物间的相同、类比为纽带。

# 练就创新技能

## 第一节 检核表法

### 学习引导

**通用汽车公司训练示例**

(1)为了提高工作效率，可以利用其他适当的机械吗？

(2)现在使用的设备有无改进的余地？

(3)改变滑板、传送装置等搬运设备的位置或顺序，能否改善操作？

(4)为了同时进行各种操作，可以使用某些特殊的工具或夹具吗？

(5)改变操作顺序能否提高零部件的质量？

(6)可以用更便宜的材料代替目前的材料吗？

(7)改变一下材料的切削方法，可以更经济地利用材料吗？

(8)可以使操作更安全吗？

(9)可以除掉无用的形式吗？现在的操作可以更简化吗？

资料来源：许湘岳，邓峰. 创新创业教程. 北京：人民出版社，2011.

**议一议**：通用汽车公司的训练过程运用了检核表法的哪些内容？

_____

_____

_____

_____

_____

发明、创造、创新的关键是能够发现问题，提出问题。设问法就是对任何事物都多问几个为什么，奥斯本检核表法就是典型的设问型创新技法。

奥斯本检核表法是奥斯本提出来的一种创造方法，即根据需要解决的问题或创造的对象列出有关问题，一个一个地核对、讨论，从中找到解决问题的方法或创造的设想。下面我们介绍奥斯本核检表法九个方面的提问。

**检核表法的实施过程**

| 序　号 | 检核项目 | 含　义 |
| --- | --- | --- |
| 1 | 能否他用 | 现有的事物有无其他用途，保持不变能否扩大用途，稍加改变有无其他用途 |
| 2 | 能否借用 | 能否引入其他的创造性设想？能否模仿别的东西？能否从其他领域、产品、方案中引入新的元素、材料、造型、原理、工艺、思路 |
| 3 | 能否改变 | 现有事物能否有些改变，如颜色、声音、味道、式样、花色、音响、品种、意义、制造方法等？改变后效果如何 |
| 4 | 能否扩大 | 现有事物可否扩大适用范围？能否增加使用功能？能否添加零部件，延长使用寿命，增加长度、厚度、强度、频率、速度、数量、价值 |
| 5 | 能否缩小 | 现有事物能否体积变小，长度变短，质量变轻、厚度变薄以及拆分或省略某些部分(简单化)？能否浓缩化、省力化、方便化 |
| 6 | 能否替代 | 现有事物能否用其他材料、元件、结构、设备、符号、声音等替代 |
| 7 | 能否调整 | 现有事物能否变换排列顺序、位置、时间、速度、计划、型号？内部元件可否交换 |
| 8 | 能否颠倒 | 现有的事物能否从里到外、上下、左右、前后、横竖、主次、正负、因果等相反的角度颠倒过来用 |
| 9 | 能否组合 | 能否进行原理组合、材料组合、部件组合、形状组合、功能组合、目的组合 |

检核表法是一种具有较强启发创新思维的方法。这是因为它强制人去思考，有利于突破一些人不愿提问题或不善于提问题的心理障碍。提问，尤其是提出有创见的新问题本身就是一种创新。它又是一种多向发散的思考，使人的思维角度、思维目标更丰富。另外核检思考提供了创新活动最基本的思路，可以使创新者尽快集中精力，朝提示的目标方向去构想、创造、创新。

使用检核表法应注意以下几点。

一是要一条一条地进行检核，不要有遗漏。

二是要多检核几遍，效果会更好，或许会更准确地选择出所需创造、创新、发明的方面。

三是在检核每项内容时，要尽可能地发挥自己的想象力和创新能力，产生更多的创造性设想。

检核方式可根据需要，1人检核也可以，3～8人共同检核也可以。集体检核可以互相激励，产生头脑风暴，更有希望创新。

# 第二节 和田十二法

## 学习引导

一般的水壶在倒水时，由于壶身倾斜，壶盖易掉，而使蒸汽溢出烫伤手，成都市的中学生田波想了个办法克服水壶的这个缺点。他将一块铝片铆在水壶柄后端，但又不太紧，使铝片另一端可前后摆动。灌水时，壶身前倾，壶柄后端的铝片也随着向前摆，而顶住了壶盖，使它不能掀开。水灌完后，水壶平放，铝片随着后摆，壶盖又能方便地打开了。

——资料来源：百度百科

**议一议：** 这个小案例运用了和田十二法中的哪一种方法？

_____

_____

_____

和田十二法是我国学者许立言、张福奎在奥斯本检核表法基础上，借用其基本原理，结合上海和田路小学开展的创造发明活动所采用的技法总结而来的。它从十二个方面给人以创造性启示的方法，通俗易懂，简便易行，便于推广。

### 1. 加一加

加高、加厚、加多、组合等。即在这件东西上添加些什么或把这件东西与其他什么东西组合在一起，会有什么结果？把这件东西加长、加宽、加高会怎样？

一美国商人用0.2美元从我国购买一种工艺草帽，添加一条花布帽带，再加压定型，结果在市场上十分畅销，价格也翻了近百倍。

### 2. 减一减

减轻、减少、省略等。即将原来的物品减少、减短、减窄、减轻、减薄……设想能变成什么东西？

一封信件通常由信纸、信封和邮票三件物品构成，用"减一减"的技法，使三件物品变成一件——明信片。普通眼镜将镜片减薄、减小，再减去镜架，就变成隐形眼镜。

### 3. 扩一扩

放大、扩大、提高功效等。即将原有物品放大、扩展，会有什么变化？

有一中学生雨天和人合用一把伞，结果两人都淋湿了一个肩膀。他想到了"扩一扩"，就设计了一把情侣伞。

### 4. 缩一缩

变形状、颜色、气味、音响、次序等。即把原来的物品体积缩小、缩短，变成新的东西。

生活中常见的微型相机、掌中宝电脑、折叠沙发、折叠桌椅等都是"缩一缩"的产物。

### 5. 改一改

改缺点、改不便、改不足之处。就是从现有事物入手，发现事物的不足之处，然后针对不足寻找有效的改进措施，从而导致创新。

例如，原来的注射器改为一次性注射器；电话机由拨盘式改为键盘式；风琴改为电子琴；普通门锁改为 IC 卡门锁。

### 6. 变一变

压缩、缩小、微型化。就是改变原来事物的形状、尺寸、颜色、滋味、浓度、密度、顺序、场合、时间、对象、方式、音响等，产生新的物品。

美国一名牙医发现患龋齿的儿童不爱刷牙的原因是讨厌牙膏中的薄荷味。她运用"变一变"原理进行创意，在牙膏中减少薄荷，加上糖浆和果汁，改变牙膏的口味。这种牙膏还有橙子味、苹果味、香蕉味等各种香型，并制成橙红、果绿、淡黄等悦目的颜色。上市后，大受儿童欢迎，孩子们把刷牙当成一种乐事，甚至一天刷两三次。

### 7. 联一联

原因和结果有何联系，把某些东西联系起来。即把某一事物与另一事物联系起来，看看能产生什么新事物。

西安太阳食品集团创始人李照森有一次陪同客人进餐，发现人们对一道用锅巴做原料的菜肴很感兴趣，不由得联想到：锅巴能做菜肴，为什么不能加工为小食品呢？此后，不同做法的锅巴相继问世。锅巴食品还在中外十几个国家和地区获得了专利。

### 8. 学一学

模仿形状、结构、方法、学习先进。即学习模仿别的物品的原理、形状、结构、颜色、性能、规格、动作、方法等，以求创新。

日本一些企业善于学习别人的长处，加快自己的步伐，低投入，高产出。当索尼公司首先研制出新产品时，松下公司马上分析这种产品的优缺点，然后再生产出更合适的产品。原来松下有个原则：不当技术先驱者，而做技术追随者。

### 9. 代一代

用别的材料代替、用别的方法代替或用其他事物或方法来代替现有的事物。可以从材料、零部件、方法、形状、颜色、声音进行局部替代。如塑料水龙头、塑料桌椅、纸拖鞋。

### 10. 搬一搬

移作他用。就是把这件事物、设想、技术搬到别处，会产生新的事物、设想、技术。如激光技术搬到各个领域：激光切削、激光磁盘、激光测量、激光唱片。

### 11. 反一反

能否颠倒一下。就是将某一事物的形态、性质、功能以及正反、里外、前后、左右、上下、横竖等加以颠倒，从而产生新的事物。

普通动物园将猛兽关在笼子里供游人观赏，而森林动物园一反普通动物园常态，改为将游人关在笼式汽车里，在森林里浏览观赏行动自由的猛兽，受到游人的欢迎。

### 12. 定一定

定个界限、标准，能提高工作效率。是指对新的产品或事物定出新的标准、型号、顺序，或者为改进某种东西以及提高工作效率和防止不良后果做出的一些新规定，从而导致创新。

茅台酒所含对人体有益的微量元素至少有 170 种，贮藏时间越长，保健功能越突出。茅台酒股份有限公司根据这些实际，采取"定一定"的方法，实施了将每瓶茅台酒出厂前都标上出厂年份，出厂后第二年，茅台酒价格自动上调 10%，以后逐年以此类推。这一做法称为"价格年份制"，在中国白酒市场上是首创。

如果按这 12 个"一"的顺序进行核对和思考，就能从中得到启发，诱发人们的创造性设想。

## 第三节 5W1H 法

### 学习引导

一个生产主管去车间现场巡视，发现车间的一个过道上有一块不小的厚纸皮，按照现场管理的要求，车间现场不应该有类似垃圾的东西，更何况是这么大的一块厚纸皮！既然没有被及时清理，肯定有原因。如果是你，你如何利用"五个为什么"分析法，去发现和找出问题的根源吗？

对于一个问题，如果连续问五次"为什么"，通常能找出问题的根源。这"五个为什么"分析法，是由丰田汽车公司创造出来的。丰田汽车公司总经理大野耐一强调，要真正解决问题必须找出问题的根本原因。造成问题的根本原因是什么呢？答案必须靠更深入的挖掘。先问第一个"为什么"，获得答案后，再问为何会发生，依此类推，问五次"为什么"。作为生产主管，应该这样来问"五个为什么"。

问现场的工人：为什么过道上有这么一块厚纸皮？

工人答：地上有一大片油。

再问：为什么过道上会有一大片油？

工人答：刚才在用叉车搬运机搬部件时发生了侧翻，机油泄漏了。

三问：为什么叉车会发生侧翻？

工人答：叉车有故障。

四问：为什么叉车的故障没有及时发现？

工人答：前几天已经发现有故障，而且第一时间通知了叉车的供应商。

最后问：那为什么还会因为故障引发叉车侧翻？

工人答：已经催促厂商或供应商五次了，让他们来诊断维修，但却没有维修人员来修复。

问完这五个为什么以后，就可以得出是叉车质量出了问题，而叉车的供应商售后服务做得并不到位，这自然会影响生产效益。作为生产主管，应立即向设备采购等相关部门报告，并行使生产主管对生产设备的一票否决权。

资料来源：许湘岳，邓峰. 创新创业教程. 北京：人民出版社，2011.

**议一议**：通过这个案例，你能总结一下 5W1H 法的优点吗？

_____

_____

_____

_____

## (一)5W1H 法的内涵

5W1H 分析法也叫六何分析法，是一种思考方法，也可以说是一种创造技法，是对选定的项目、工序或操作，都要从原因(何因 Why)、对象(何事 What)、人员(何人 Who)、时间(何时 When)、地点(何地 Where)、方法(何法 How)六个方面提出问题进行思考。这种看似很可笑、很天真的问话和思考办法，可使思考的内容深化、科学化。具体方法如下。

### 1. Why(为什么、何因)

为什么要做？（目标是一切行动的导向）

是否可省去？（取消）

为什么要这样做？

是否有其他方法更简单？

为什么出现这样的结果？

……

### 2. What(什么、何事)

要做什么？

要准备什么？

需要协助什么?

要预防什么?

……

### 3. Who(谁、何人)

由谁来做,是一个人还是一个组织?

由谁来主管?

由谁来监督?

由谁来协助?

……

### 4. When(什么时间做、何时)

什么时间开始?

什么时间结束?

什么时间是关键节点?

……

### 5. Where(在哪里、何地)

在什么地方做?

协助的工作在什么地方做?

从何处开始做?

到何处结束?

……

### 6. How(怎么做、何法)

工作的流程和方法是什么?

如何才能更省力、更快?

过程如何监控?

……

## (二)5W1H 法的应用

### 1. 5W1H 法用于市场研究

Who:谁买?

Why:为什么买?

Where:在何处买?

When:何时买?

What：习惯什么品牌？
How：如何买？买多少？

## 2. 5W1H 法应用于公司

Who：公司的客户是谁？
What：生产的产品是什么？
Why：为什么生产这种产品？
Where：在何处生产？
When：何时生产？
How：怎样生产？

## 3. 5W1H 法用于对职位说明书的分析

What：工作是什么？
Why：为什么要该项工作？
Who：工作的责任者是谁？
Where：工作的地点在哪里？
When：工作的时间期限是多长？
How：完成工作所使用的方法和程序是怎样的？

## 4. 5W1H 法用于对问题的分析

What：什么问题？
Why：为什么会出问题？
Who：谁的问题？谁可以解决问题？
Where：在哪里发生的问题？
When：什么时候的问题？
How：怎样或什么程度的问题？类似问题最近出现了多少次？怎样解决问题？

## 5. 5W1H 法用于制订计划草案上

What：制订什么计划？目的是什么？有必要吗？
Why：为什么制订？有什么意义？
When：什么时候制订？完成的时间是否适当？
Where：在什么地方制订？在何范围内完成？有更合适的场所吗？
Who：由谁负责制订？由谁负责执行？有没有更合适的人？熟练程度低的人能做吗？
How：采用什么方法制订？采用什么方法实施？有没有更好的办法？

## 第四节　组合法

### 学习引导

#### 福娃的由来

　　福娃是 2008 年第 29 届北京奥运会的吉祥物，设计师韩美林设计过程中的参考资料装满了 74 个麻袋。他说："在几百种备选方案中，经反复考虑，我们觉得每一个单个的形象并不能完全代表中国的奥运形象。这时我就提出了另一个思路，吉祥物不是一个单个的个体形象，而是 2 个、3 个甚至 5 个的组合行不行？这个思路一打开，我们一下子兴奋起来。我们设计小组熬了一夜，终于拿出了一个组合形象的设计稿。"

　　**议一议**：福娃的设计采用了哪种组合形式？

_____

_____

_____

_____

### 一、组合法的概念

　　所谓组合法，是指按照一定的技术原理或功能目的，将现有的科学技术原理或方法、现象、物品作适当的组合或重新安排，从而获得具有统一整体功能的新技术、新产品、新形象的创造技法。人类的许多创造成果来源于组合。正如一位哲学家所说："组织得好的石头能成为建筑，组织得好的词汇能成为漂亮文章，组织得好的想象和激情能成为优美的诗篇。"同样，发明创造也离不开现有技术、材料的组合。

### 二、组合法的形式

#### 1. 同类组合

　　同类组合是由相同的事物（要素）进行组合并产生新的效果。组合要素不发生质的变化，而是通过数量增加，获得新成果。

　　实例：情侣表；两个订书机合成一体；多孔钻头；并联的彩灯；重复使用三片 CPU；对转螺旋桨。

#### 2. 异类组合

　　异类组合是由不同的事物（要素）进行组合并产生新的效果。其特点是组合对象（技术思想或产品)来自不同的方面，一般无主次关系。参与组合的对象从意义、原理、构造、成分、功能等任意一方面和多方面互相渗透，整体变化显著。异类组合是异类求同的创新，创新性很强。如台表圆珠笔、花瓶台灯、电冰箱、电视机、计算机、音响等的组合。

异类组合又分元件组合、功能组合、方法组合、材料组合、技术原理与技术手段的组合、现象组合六种形式。

(1)元件组合。元件组合并非一般的零件装配，而是把本来不是一体的两种或两种以上的事物适当地安排在一起，使其具有新的功能。如收录机、电子表笔、闪光装饰品、香味橡皮、音乐贺卡、电子秤、自动照相机、全自动洗衣机、数控机床、工业机器人。

(2)功能组合。将某一物品适当改变，使其集多功能于一身。如多功能工具。

(3)方法组合。把解决同一问题或相关联问题的不同方法，组合在一起，使之功能增强。如激光—超声波灭菌、中药配方、药液灯光灭蚊器。

(4)材料组合。材料组合是指将不同性能的材料组合起来，从而获得新材料的方法。如钢芯铜线电缆、钢筋混凝土、混纺毛线、玻璃纤维制品、塑钢门窗。

(5)技术原理与技术手段的组合。如把不同的技术原理与技术手段组合起来，使已有的原理或手段得到改造或补充，直至形成全新的产品。如喷气式发动机、晶体电子显微镜、速效止痛治疗器。

(6)现象组合。如把不同的物理现象组合起来，形成新的技术原理，导致新的发明。如清除肾结石的疗法。

### 3. 重组组合

重组组合就是按事物的不同层次分解原来的组合，然后再按新的目标重新安排，形成新的事物。重组组合是在一种事物上实施的，不增加新东西，只是改变各组成部分之间的相互关系。变形金刚、万能自行车、真空吸尘器、超市柜台的重设、生产流水线的重组。

### 4. 共享与补代组合

共享组合是指把某一事物中具有相同功能的要素组合到一起，达到共享的目的。一个共享要素不变，分别与其他要素组合，产生不同的新事物。补代组合是通过对某一事物的要素进行摒弃、补充和替代形成一种在性能上更为先进、新颖、实用的新事物。事物的核心功能不变，所使用的技术、原材料等发生变化(主要是先进化)。如共用的电动底座组合各种儿童玩具；以干电池为动力源的各种用品(半导体收音机、电动剃须刀、手电筒、石英钟、防盗铃)；各种门锁；拨号式电话改为键盘式；银行卡代替存折。

### 5. 概念组合

概念组合就是以词语或以命题进行组合。在词语和词语之间、命题和命题之间，通过想象加以联结，实现组合创新。如可食用餐盘、蒸汽机。

### 6. 综合

综合是指为了完成重大课题，在已有的学科原理、知识、方法、技术不能解决时，创造出新的学科、新的原理、新的方法和新的技术，并对其进行重新的组织和安排的思维过程。也就是将若干单个因素（原理、技术、方法等）融汇为一个新的整体，这不是单个因素的简单机械的积累或叠加，而是发生质的飞跃。综合与组合，从思维方法上说，本质上是相同的，但综合所涉及的范围更大，程度更为复杂。如阿波罗计划、曼哈顿工程。

### 三、组合法的分类

组合型创新技法常用的有主体附加法、二元坐标法、焦点法、形态分析法以及信息交合法等。

#### 1. 主体附加法

主体附加法是以某一特定的对象为主体，通过置换或插入其他技术或增加新的附件而使发明或创造诞生的方法，也称为"内插式组合"。

在琳琅满目的市场上，我们可以发现大量的商品是采用这一技法创造的。如在铅笔上安上橡皮头，在电风扇中添加香水盒，在摩托车后面的储物箱上装上电子闪烁装置，都具有美观、方便又实用的特点。实施步骤如下。

（1）定主体。选定要改进的事物，确定主体。

（2）定新功能。经过分析找出原主体的不足，确定改进后应具备的新功能；考虑能否在不变或稍变主体的前提下，通过增加附属物来克服或弥补主体的缺陷。

（3）定附件。根据新功能的要求确定要附加的事物。

（4）定主附结构。

（5）进行附加组合。

整个实施步骤概括为：选出主体——列举缺点——列举希望——确定插入的技术，使主体功能发挥更好或增加辅助功能。例如，下图所示电视机功能分析即采用了主体附加法。

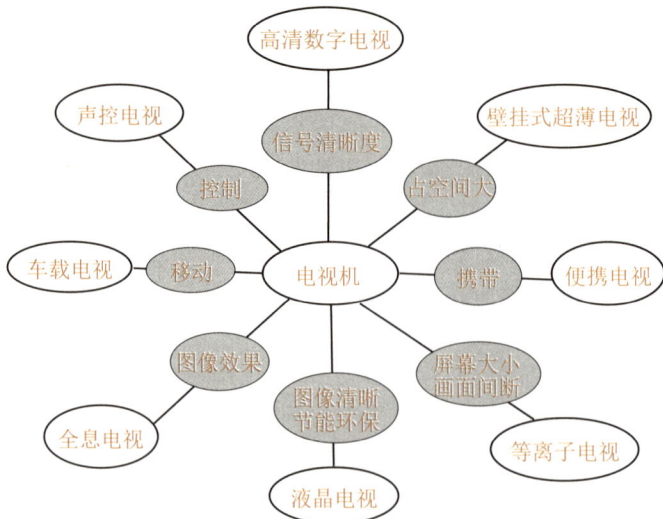

　　主体附加既能产生有用的辅助功能，也可能带来无用的多余功能。在洗衣机上附加定时器，增加的定时功能是有必要的，但是在洗衣机上附加上一个洗脸盆，对绝大多数家庭来说则是多余的东西。因此，采用主体附加法进行新产品策划时，要考虑到实用性。

　　主体附加法是一种创造性较弱的组合，人们只要稍加动脑和动手就能实现，但只要附加物选择得当，同样可以产生巨大的效益。

### 2. 二元坐标法

　　二元坐标法是指借用平面直角坐标系在两条数轴上标点（元素），按序轮番地进行两两组合，然后选出有意义的组合物的创新方法。

　　作为二元坐标法的坐标元素所代表的事物，可以是具体的人造产品，如衣服、床、灯具、机枪、蛋糕、汽车之类；还可以是一些概念术语，如锥形、旋转、变色、空心、闪光、卧式等。对此，通过拉郎配式的组合联想，可以突破习惯观念，克服惰性意识，促使标新立异。实施步骤如下。

　　（1）提出联想元素。联想元素就是将要通过二元坐标相互交汇并强制产生联想的各个信息点。联想元素可以是具体的事物或物质（如钢笔、汽车、塑料、铝合金等），也可以是抽象的概念（如液体、圆形、彩色的等），还可以是各种现象（如发光、变形、发声等）。为了使联想产生良好效果，应注意联想元素的广泛性、差异性，切忌同类事物组合。另外，数量也必须足够多，以保证在获取大量设想的基础上诱发创造性设想。

　　在没有预期目标的情况下使用强制联想法时，联想元素可以是随意的，不必有所限制。假如已经确定了总休目标，如开发某一种新产品，则应将与该产品有关的若干信息（如外形、结构、材料、功能等）也列入联想元素，然后再随意提出若干其他元素。

　　（2）建立坐标系。建立由两垂直相交的坐标轴组成的坐标系，将提出的所有联想元素在每根轴上分别列出一次。为了简化图形，可以把联想元素只列在原点的右方和上方，即只考虑在第一象限交汇。

　　建立坐标系后，即可依次将不同轴上的元素两两相交，获得一系列信息交汇点。

　　（3）完成联想图。在每个信息交汇点上强制联想，同时对获得的设想进行分类，并用相应的符号在图上表示出来。

　　设想的分类可根据前面的方法完成，即分为一般性、奇特性和实用性三类。另外，由于联想图本身的特点，每一联想元素也会同自己交汇一次。这种交汇是没有意义的，因此，还要标出这一类无意义的交汇点。

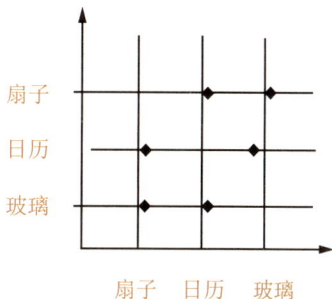

　　（4）设想处理。设想处理的前半部分工作——设想分类已在作联想图的过程中完成，接下去的工作是设想开发。可选择实用类设想编制实施方案，或选择奇特类设想进行二次开发。一般都应该写出文字说明。

　　设想处理工作可以集体进行，也可以先由个人分别作出联想图，然后交换图件，以便相互得到启发，促进思维扩散。个人与集体联想相结合的做法可望获得较好的效果。

二元坐标法形式简捷而不单调，运用时不受任何限制，适宜于个人或集体的创造活动。应予注意的是，此法仅适用于技术创造活动的选题阶段，可行的课题一经确定，就完成了使命。至于课题的下一步做法，则须另行研究探讨。

### 3. 焦点法

焦点法是以一预定事物为中心、为焦点，依次与罗列的各元素一一构成联想点，寻求新产品、新技术、新思想的推广应用和对某一问题的解决途径。

焦点法是扩散、收敛、想象思维派生出的创新技法。焦点法分两种结构：它可以是扩散式结构，也可以是收敛式结构。扩散式主要用于新产品、新技术、新思想的推广应用，收敛式主要用于寻求某一问题的解决途径。

"焦点法"是组合技法的典型代表。它以一个事物为出发点（即焦点），联想其他事物并与之组合，形成新创意。如玻璃纤维和塑料结合，可以制成耐高温、高强度的玻璃钢，很多复合材料都是利用这种技法制成的。廉价餐厅、廉价打火机都是以薄利多销为焦点。实施步骤如下。

（1）选择焦点。焦点就是希望创新的事物，或者是准备推广的思想技术，将其填入一中心圆圈内。

（2）列举与焦点无关的事物或技术。可以从多角度、多方面罗列，尽量避免找与焦点事物相近的东西，甚至可借助购物指南、技术手册等随意摘录。将所选的内容逐一填入环绕焦点四周的小圆圈内。

（3）强行将中心圆与周围的小圆圈连接，得到多种组合方案。

（4）充分想象，对每种组合提出创造性设想。

（5）评价所有的设想方案，筛选出新颖实用的最佳方案。如以"爆炸"作为焦点，列出和其无关的几种事物，进行强制组合，提出创造性设想。

焦点法是美国人赫瓦德提出的。这种方法既充分地运用了联想机制，又将发散性思维与集中思维适当地组合起来，简单易学，富于想象力。应用这种方法，能在较短时间内获得较多的新颖构思。

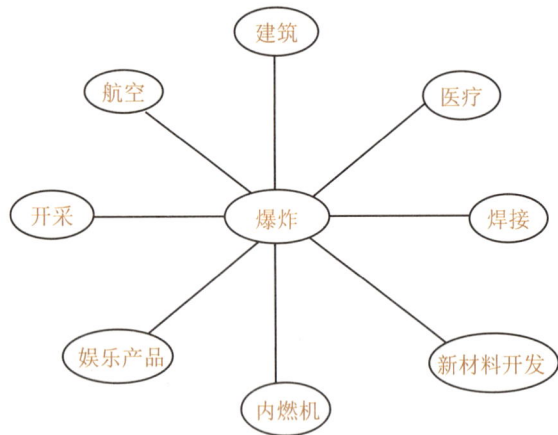

### 4. 形态分析法

形态分析法是通过对研究对象相关形态要素的分列和重新组合，全面寻求各种解决问题方案的方法。形态指构成事物的内外有形要素。实施步骤如下。

（1）明确问题。首先必须要求能十分确切地说明所要解决的问题或所要实现的功能，这是有效运用形态分析法的前提。

（2）要素分析。分析需创新的对象，确定它有哪些基本要素（或基本参数），要求各基本要素相对独立并尽量全面考虑。

（3）形态分析。寻找每个要素的可能解决方案（即形态）。要求尽量全面，既要列出当时技术条件下可达到的或在允许时间内可达到的方案，也要列出有潜在可能性的各种手段和方法。

（4）方案综合和选择。根据上面的分析结果列出形态矩阵，一般为二维结构。"列"代表独立要素，"行"代表各因素的具体形态，组合后便得出各种方案设想。当然，这些方案要作进一步分析判断才能取舍。

实例：某食品公司在设计食品包装方案时，运用形态分析法，列出以下步骤。

选择形态要素（图案、包装材料、主色调）——每个要素的变量（4 个）——绘制形态组合箱——评定方案。可选方案有 $4 \times 4 \times 4 = 64$ 种。

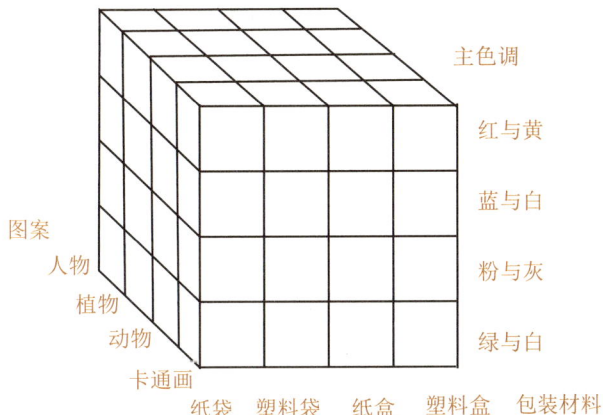

形态分析法的突出特点是，所得的总构想方案具有全解系的性质。即只要把课题的全部要素及各要素的所有可能形态都列出来，那么经组合后的方案将是包罗万象的。另一特点是，具有形式化性质，它主要并非取决于发明者的直觉和想象，而是依靠发明者的认真、细致、严密的分析并精通与发明有关的专门知识。

当问题比较复杂、要素及形态较多时，组合的数目便会激增，以致评价筛选的工作量很大。因此，要求使用者能抓住主要矛盾选取基本要素，并具有敏锐准确的评价能力。

形态分析法可广泛应用于新技术和新产品的开发以及技术预测等许多领域，实施时既可以小组运用，也适于个人使用。

### 5. 信息交合法

信息交合法又可以称为"要素标的发明法"，或称为"信息反应场法"，是指对某一事物所包含的基本信息分解出若干信息点，把同一基本信息或多个基本信息上的两个以上信息点进行交合，从而产生新事物的方法。

信息交合法实施原理：把物体的总体信息分解成若干要素，然后把与这种物体相关的人类各种实践活动要素分解，把两种信息要素用坐标法连成 $x$ 轴与 $y$ 轴，两轴垂直相交，构成"信息反应场"，每个轴上的各点的信息依次与另一轴上的信息交合，从而产生新的信息。

信息交合法所遵循的公理与定理如下。

公理：不同信息的交合可产生新信息；

不同联系的交合可产生新信息。

定理：心理世界的构象（形象思维）是由信息与联系组成的；

新信息新联系在相互作用中产生；

具体的信息和联系均有一定的时空限制性。

实施步骤如下。

（1）确定中心。即确定研究中心，也就是说，要思考的问题是什么，要解决的课题是哪个，研究的信息为何物，要首先确定下来。

（2）画标线。根据中心需要确定画几条坐标线。

（3）标注信息点。即在信息标线上注明有关信息点。

（4）信息交合。以一标线上的信息为母本，另一标线上的信息为父本，相交后便可产生新信息。

（5）评价、筛选方案。

信息交合的主要形式如下。

**本体交合**：原信息标系中的信息点相互交合。

**立体动态交合**：原信息标系中的任何信息点都可以分解，从而把交合引入多维空间，信息间的关系呈现出更复杂的交合趋势，会产生更高级的成果。

实例：北京京钟食品加工厂的厂长李平贾以经营德州扒鸡为主，但经营不善，效益不佳，后经人指点，办起了北京京钟食品加工厂，生产系列香肠，畅销京城。在香肠的开发过程中，李平贾充分运用信息交合理论，以香肠作为信息点，共设立六个信息标：A. 肉禽类；B. 药材类；C. 原料（肠衣）类；D. 水产类；E. 水果类；F. 形状类。然后，在每一信息标上注明标点。他开发产品的构思是按轴展开的，分为3个方案。第一个方案是肠衣的开发，如无毒塑料、高温纸、羊肠衣、牛肠衣、猪肠衣、PVC皮。第二个方案是形态的开发，如管状肠、方形肠、球形肠，再加上长短尺度与规格。第三个方案是材料的开发，推出了火腿肠、红肠、橘红肠（橘皮磨粉、白糖、瘦肉）、砂仁小肚、三丝果脯午餐肉肠。

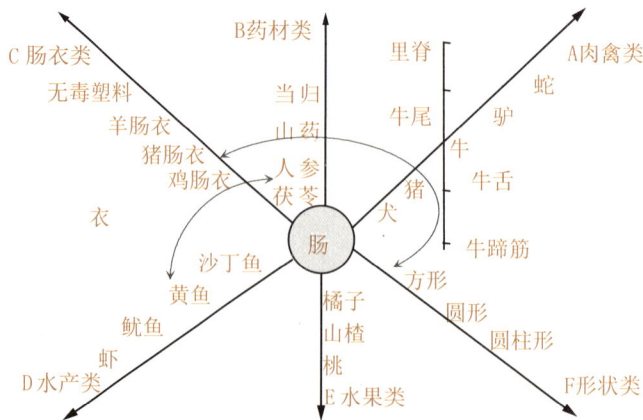

## 第五节　头脑风暴法

### 学习引导

**头脑风暴法实例**

盖莫里公司是法国一家拥有 300 人的中小型私人企业，这一企业主要生产电器，但有许多竞争对手。该企业的销售负责人参加了一个关于发挥员工创造力的会议后大受启发，开始在自己公司谋划成立了一个创造小组。在冲破了来自公司内部的层层阻挠后，他把整个小组（约 10 人）安排到了一家小旅馆里，在以后的三天中，每人都采取了一些措施，以避免外部的电话或其他干扰。

第一天全部用来训练，通过各种训练，组内人员开始相互认识，他们相互之间的关系逐渐融洽。

第二天，他们开始创造力技能训练，开始涉及智力激励法以及其他方法。他们要解决的问题有两个，在解决了第一个问题，发明一种拥有其他产品没有的新功能电器后，他们开始解决第二个问题，为此新产品命名。

在第一、第二两个问题的解决过程中，都用到了头脑风暴法，但在为新产品命名这一问题的解决过程中，经过两个多小时的热烈讨论后，共为它取了 300 多个名字，主管则暂时将这些名字保存起来。

第三天一开始，主管便让大家根据记忆，默写出昨天大家提出的名字。在 300 多个名字中，大家只记住 20 多个。然后主管又在这 20 多个名字中筛选出了 3 个大家认为比较可行的名字。再将这些名字征求顾客意见，最终确定了 1 个。结果，新产品一上市，便因为其新颖的功能和朗朗上口、让人回味的名字，受到了顾客的热烈欢迎，迅速占领了大部分市场，在竞争中击败了对手。

资料来源：熊勇清. 管理学. 北京：北京交通大学出版社，2010.

**议一议**：通过这个案例，你能总结一下头脑风暴法的优点吗？

_____

_____

_____

"头脑风暴法"又称智力激励法，是由美国创造学家 A. F. 奥斯本于 1939 年首次提出、1953 年正式发表的一种激发性思维的方法。此法经各国创造学研究者的实践和发展，至今已经形成了一个发明技法群，深受众多企业和组织的青睐。发明创造的实践表明，真正有天资的发明家，他们的创造性思维能力远较平常人要优越得多。但对天资平常的人，如果能相互激励，相互补充，引起思维"共振"，也会产生出不同凡响的新创意或新方案。俗话说，"三个臭皮匠，顶个诸葛亮"，也就是奥斯本头脑风暴法的"中国式"译意，即集思广益。

头脑风暴法的具体内容如下。

## 一、组织形式

参加人数一般为5~10人，最好由不同专业或不同岗位者组成。

会议时间控制在1小时左右。

设主持人一名，主持人只主持会议，对设想不作评论。设记录员1~2人，要求认真将与会者每一设想不论好坏都完整地记录下来。

## 二、会议类型

设想开发型：这是为获取大量的设想、为课题寻找多种解题思路而召开的会议，因此，要求参与者要善于想象，语言表达能力要强。

设想论证型：这是为将众多的设想归纳转换成实用型方案召开的会议。要求与会者善于归纳、善于分析判断。

## 三、会前准备工作

(1)会议要明确主题。会议主题提前通报给与会人员，让与会者有一定准备。

(2)选好主持人。主持人要熟悉并掌握该技法的要点和操作要素，摸清主题现状和发展趋势。

(3)参与者要有一定的训练基础，懂得该会议提倡的原则和方法。

(4)会前可进行柔化训练，即对缺乏创新锻炼者进行打破常规思考，转变思维角度的训练活动，以减少思维惯性，从单调的紧张工作环境中解放出来，以饱满的创造热情投入激励设想活动。

## 四、会议原则

为使与会者畅所欲言，互相启发和激励，达到较高效率，必须严格遵守下列原则。

(1)禁止批评和评论，也不要自谦。对别人提出的任何想法都不能批判、不得阻拦。即使自己认为是幼稚的、错误的，甚至是荒诞离奇的设想，亦不得予以驳斥；同时也不允许自我批判，在心理上调动每一个与会者的积极性，彻底防止出现一些"扼杀性语句"和"自我扼杀语句"。诸如"这根本行不通""你这想法太陈旧了""这是不可能的""这不符合某某定律"以及"我提一个不成熟的看法""我有一个不一定行得通的想法"等语句，禁止在会议上出现。只有这样，与会者才可能在充分放松的心境下，在别人设想的激励下，集中全部精力开拓自己的思路。

(2)目标集中，追求设想数量，越多越好。在智力激励法实施会上，只强制大家提设想，越多越好。会议以谋取设想的数量为目标。

(3)鼓励巧妙地利用和改善他人的设想。这是激励的关键所在。每个与会者都要从他人的设想中激励自己，从中得到启示，或补充他人的设想，或将他人的若干设想综合起来提出新的设想等。

(4)与会人员一律平等，各种设想全部记录下来。与会人员，不论是该方面的专家、员工，还是其他领域的学者，以及该领域的外行，一律平等；各种设想，不论大小，甚至是最荒诞的设想，记录人员也要认真地将其完整地记录下来。

(5)主张独立思考，不允许私下交谈，以免干扰别人思维。

(6)提倡自由发言，畅所欲言，任意思考。会议提倡自由奔放、随便思考、任意想象、尽量发挥，主意越新、越怪越好，因为它能启发人推导出好的观念。

(7)不强调个人的成绩，应以小组的整体利益为重，注意和理解别人的贡献，人人创造民主环境，不以多数人的意见阻碍个人新的观点的产生，激发个人追求更多更好的主意。

## 五、会议实施步骤

(1)会前准备。参与人、主持人和课题任务三落实，必要时可进行柔性训练。

(2)设想开发。由主持人公布会议主题并介绍与主题相关的参考情况；突破思维惯性，大胆进行联想；主持人控制好时间，力争在有限的时间内获得尽可能多的创意性设想。

(3)设想的分类与整理。一般分为实用型和幻想型两类设想。前者是指目前技术工艺可以实现的设想，后者指目前的技术工艺还不能完成的设想。

(4)完善实用型设想。对实用型设想，再用头脑风暴法进行论证，进行二次开发，进一步扩大设想的实现范围。

(5)幻想型设想再开发。对幻想型设想，再用头脑风暴法进行开发，通过进一步开发，就有可能将创意的萌芽转化为成熟的实用型设想。这是头脑风暴法的一个关键步骤，也是该方法质量高低的明显标志。

## 六、主持人技巧

主持人应懂得各种创造性思维和技法，会前要向与会者重申会议应严守的原则和纪律，善于激发成员思考，使场面轻松活跃而又不失头脑风暴法的规则。

可轮流发言，每轮每人简明扼要地说清楚一个创意设想，避免形成辩论会和发言不均。

要以赏识激励的词句语气和微笑点头的行为语言，鼓励与会者多出设想，如说："对，就是这样！""太棒了！""好主意！这一点对开阔思路很有好处！"。

禁止使用下面的话语："这点别人已说过了！""实际情况会怎样呢?""请解释一下你的意思。""就这一点有用。""我不赞成那种观点。"

经常强调设想的数量，比如平均 3 分钟内要发表 10 个设想。

遇到人人皆才穷智短出现暂时停滞时，可采取一些措施，如休息几分钟，自选休息方法、散步、唱歌、喝水等，再进行几轮脑力激励。或发给每人一张与问题无关的图画，要求讲出从图画中所获得的灵感。

根据课题和实际情况需要，引导大家掀起一次又一次头脑风暴的"激波"。如课题是某产品的进一步开发，可以从产品改进配方思考作为第一激波，从思考作为第二激波，从扩大销售思考作为第三激波等。又如，对某一问题解决方案的讨论，引导大家掀起"设想开发"的激波，及时抓住"拐点"，适时引导进入"设想论证"的激波。

要掌握好时间，会议持续 1 小时左右，形成的设想应不少于 100 种。但最好的设想往往是会议要结束时提出的，因此，预定结束的时间到了可以根据情况再延长 5 分钟，这是人们容易提出好的设想的时候。在 1 分钟时间里再没有新主意、新观点出现时，智力激励会议可宣布结束或告一段落。

# 下　篇　职业生涯与创业

# 职业生涯规划

## 第一节 自我认知与职业选择

### 一、兴趣与职业

**学习引导**

#### 城市老鼠和乡下老鼠

城市老鼠和乡下老鼠是好朋友。有一天，乡下老鼠写了一封信给城市老鼠，信上这么写着："城市老鼠兄，有空请到我家来玩，在这里，可享受到乡间的美景和新鲜的空气，过着悠闲的生活，不知意下如何?"城市老鼠接到信后，高兴得不得了，立刻动身前往乡下。到那里后，乡下老鼠拿出很多大麦和小麦，放在城市老鼠面前。城市老鼠不以为然地说："你怎么能够老是过这种清贫的生活呢? 住在这里，除了不缺食物，什么也没有，多么乏味呀! 还是到我家玩吧，我会好好招待你的。"乡下老鼠于是跟着城市老鼠进城去。

乡下老鼠看到那么豪华、干净的房子，非常美慕。想到自己在乡下从早到晚，都在农田上面奔跑，以大麦和小麦为食物，冬天还要不停地在那寒冷的雪地上收集粮食，夏天更是累得满身大汗，和城市老鼠比起来，自己实在太不幸了。聊了一会儿，他们就爬到餐桌上开始享受美味的食物，突然，"砰"的一声，门开了，有人走了进来。它们吓了一跳，飞也似的躲进墙角的洞里。乡下老鼠吓得忘记了饥饿，想了一会儿，戴起帽子，对城市老鼠说："我还是比较适合乡下平静的生活，这里虽然有豪华的房子和美味的食物，但每天都紧张分分地生活，我还不如回乡下吃麦子来得快活。"说罢，乡下老鼠就离开都市回到乡下去了。

想一想：1. 城市老鼠和乡下老鼠的选择有对错之分吗？你会将个人兴趣纳入职业选择的因素中吗？

_____

_____

美国著名职业指导专家霍兰德曾把人的职业兴趣分为六种类型：社会型、企业型、常规型、实际型、调研型、艺术型。每种人格类型都有其各自的特点和适合从事的工作。

### 1. 社会型（S）

社会型喜欢与人交往、不断结交新的朋友；善言谈、愿意教导别人；关心社会问题、渴望发挥自己的社会作用；寻求广泛的人际关系，比较看重社会义务和社会道德。

社会型喜欢要求与人打交道的工作，能够不断结交新的朋友，从事提供信息、启迪、帮助、培训、开发或治疗等事务，并具备相应能力。如教育工作者（教师、教育行政人员），社会工作者（咨询人员、公关人员）。

### 2. 企业型（E）

企业型追求权力、权威和物质财富，具有领导才能；喜欢竞争、敢冒风险、有野心、抱负。为人务实，习惯以权力、地位、金钱等来衡量做事的价值，做事有较强的目的性。

企业型喜欢要求具备经营、管理、劝服、监督和领导才能，以实现机构、政治、社会及经济目标的工作，并具备相应的能力。如项目经理、销售人员，营销管理人员、政府官员、企业领导、法官、律师。

### 3. 常规型（C）

常规型尊重权威和规章制度，喜欢按计划办事，细心、有条理，习惯接受他人的指挥和领导，自己不谋求领导职务；喜欢关注实际和细节情况，通常较为谨慎和保守，缺乏创造性，不喜欢冒险和竞争，富有自我牺牲精神。

常规型喜欢要求注意细节、精确度、有系统有条理，具有记录、归档、据特定要求或程序组织数据和文字信息的职业，并具备相应能力。如秘书、办公室人员、记事员、会计、行政助理、图书馆管理员、出纳员、打字员、投资分析员。

### 4. 实际型（R）

实际型愿意使用工具从事操作性工作，动手能力强，做事手脚灵活，动作协调；偏好于具体任务，不善言辞，做事保守，较为谦虚；缺乏社交能力，通常喜欢独立做事。

实际型喜欢使用工具、机器，需要基本操作技能的工作；对要求具备机械方面才能、体力或从事与物件、机器、工具、运动器材、植物、动物相关的职业有兴趣，并具备相应能力。如技术性职业（计算机硬件人员、摄影师、制图员、机械装配工），技能性职业

（木匠、厨师、技工、修理工、农民、一般劳动）。

### 5. 调研型（I）

调研型是思想家而非实干家，抽象思维能力强，求知欲强，肯动脑，善思考，不愿动手；喜欢独立的和富有创造性的工作；知识渊博，有学识才能，不善于领导他人；考虑问题理性，做事喜欢精确，喜欢逻辑分析和推理，不断探讨未知的领域。

调研型喜欢智力的、抽象的、分析的、独立的定向任务，要求具备智力或分析才能，并将其用于观察、估测、衡量、形成理论、最终解决问题的工作，并具备相应的能力。如科学研究人员、教师、工程师、电脑编程人员、医生、系统分析员。

### 6. 艺术型（A）

艺术型有创造力，乐于创造新颖、与众不同的成果，渴望表现自己的个性，实现自身的价值；做事理想化，追求完美，不重实际，具有一定的艺术才能和个性；善于表达、怀旧、心态较为复杂。

艺术型喜欢的工作要求具备艺术修养、创造力、表达能力和直觉，并将其用于语言、行为、声音、颜色和形式的审美、思索与感受，具备相应的能力；不善于事务性工作。如艺术方面（演员、导演、艺术设计师、雕刻家、建筑师、摄影家、广告制作人），音乐方面（歌唱家、作曲家、乐队指挥），文学方面（小说家、诗人、剧作家）。

然而，大多数人都并非只有一种性向（比如，一个人的性向中很可能是同时包含着社会性向、实际性向和调研性向这三种）。霍兰德认为，这些性向越相似，相容性越强，则一个人在选择职业时所面临的内在冲突和犹豫就会越少。

人们通常倾向选择与自我兴趣类型匹配的职业环境，如具有现实型兴趣的人希望在现实型的职业环境中工作，可以最好地发挥个人的潜能。但职业选择中，个体并非一定要选择与自己兴趣完全对应的职业环境。一是因为个体本身常是多种兴趣类型的综合体，单一类型显著突出的情况不多，因此评价个体的兴趣类型时也时常以其在六大类型中得分居前三位的类型组合而成；二是因为影响职业选择的因素是多方面的，不完全依据兴趣类型，还要参照社会的职业需求及获得职业的现实可能性。因此，职业选择时会不断妥协，寻求于相邻职业环境，甚至相隔职业环境，在这种环境中，个体需要逐渐适应工作环境。但如果个体寻找的是相对的职业环境，意味着所进入的是与自我兴趣完全不同的职业环境，则我们工作起来可能难以适应，或者难以做到工作时觉得很快乐，相反，甚至可能会每天工作得很痛苦。

## 二、价值观与职业

### 学习引导

#### 罗基奇的价值系统理论

罗基奇于 1973 年提出价值系统理论。他认为，各种价值观是按一定的逻辑意义联结在一起的，它们按一定的结构层次或价值系统而存在，价值系统是沿着价值观的重要性程度连续形成的层次序列。他提出了两类价值系统：

1. 终极性价值系统，用以表示存在的理想化终极状态或结果，包含的内容：舒适的生活、振奋的生活、成就感、和平的世界、美丽的世界、平等、家庭保障、自由、幸福、内心平静、成熟的爱、国家安全、享乐、灵魂得到拯救、自尊、社会承认、真正的友谊、智慧。

2. 工具性价值系统，是达到理想化终极状态所采用的行为方式或手段，包含的内容：有抱负、心胸宽广、有才能、快活、整洁、勇敢、助人、诚实、富于想象、独立、有理智、有逻辑性、钟情、顺从、有教养、负责任、自控、仁慈。

罗基奇的价值调查表中所包含的这 18 项终极性价值和 18 项工具性价值，每种价值后都有一段简短的描述。施测时，让被试按其对自身的重要性程度对两类价值分别排序，将最重要的排在第 1 位，次重要的排在第 2 位，依此类推，最不重要的就排在第 18 位。用这个量表可以测得不同的价值在不同的人心目中所处的相对位置，或相对重要性程度。罗基奇的量表的优点在于，它是在一定的理论框架指导下编制而成的，其中包括的价值项目较多且简单明了，便于被试掌握，施测也容易。并且这种研究方法是把各种价值观放在整个系统中进行的，因此更体现了价值观的系统性和整体性的作用。

**想一想**：罗基奇的价值系统理论对你有何启发？

_____

_____

大学生的择业倾向受就业意识支配，它是大学生价值观的重要组成部分。而就业意识的核心是就业动机，大学生的择业态度和行为总是从一定的动机出发并指向一定的目标。一个人在上大学之前，由于就业目标主要受社会宣传和社会舆论的影响，其就业动机表现出明显的受暗示性和不稳定性。而即将毕业的大学生就业意识已趋于成熟，就业动机已比较明确，他们对自己未来从事的职业已能做出评价和选择。具体来讲，大学生的就业动机可以归纳为三种类型。这三种类型的就业动机分别影响着大学生的职业选择。

#### 1. 谋生型

在当今的社会经济体制下，劳动依然是人的谋生手段，通过从事某种职业而获得维持生活的经济收入，这是最普遍的就业动机。这种就业动机使学生树立了自食其力的观念。在这种就业动机支配下，学生择业考虑的第一因素就是经济收入水平和福利的高低。

### 2. 创业型

大学生希望获得事业的成功，在创业中展示才华，取得成就。在这种就业动机支配下，大学生择业考虑的第一因素是职业是否具备充分展示自己才华的各种条件。

### 3. 贡献型

一部分大学生的职业理想是做一个对社会、对人类有贡献的人。在这种就业动机支配下，大学生择业考虑的第一因素是社会的需要，当社会需要与个人利益发生冲突时，他们会把社会需要放在第一位。价值观是人们在考虑问题时所看重的原则和标准，是人们内在的驱动力。因此价值观在人们的生涯发展中往往起到极其重要的、决定性的作用，甚至可能超过了兴趣和性格对个人的影响。

## 三、技能与职业

### 学习引导

#### 认识自己的长处

管理学大师彼得·德鲁克博士在 1999 年 3～4 月的《哈佛商业评论》中发表了一篇名为《管理自己》的论文，强调充分发挥自己长处的重要性，指出这是成为杰出人士的必由之路。而对于个人，不要想着努力去补齐短板，而是应该去发挥自己的长处。

**想一想**：你能够清楚地认识到自己的长处吗？他对你的职业选择有何帮助？

_____

_____

能力是一个人能否进入职业的先决条件，是能否胜任职业工作的主观条件。不同职业都要求从业者掌握相应的技能，具备相应的能力条件。运动员其能力要求显然和一名会计、一名医生不同。能力的不同，对职业选择就有差异。因此，了解自己的能力倾向及不同职业的能力要求对合理地进行职业选择具有重要意义。

人们的能力可分为一般能力和特殊能力两大类。一般能力通常又称为智力，包括注意力、观察力、记忆力、思维能力和想象力等，一般能力是人们顺利完成各项任务都必须具备的一些基本能力。特殊能力是指从事各项专业活动的能力，也可称特长。

对于广大毕业生来说，能力主要指基于一定的专业知识学习所形成的在特定行业的技术岗位上工作的能力，譬如冶金工程的毕业生可以在炼钢车间的控制室里工作，机械工程的毕业生可以在机床制造车间里工作。除此以外，能力还包括参加一系列课外活动、社会实践所形成的诸如沟通、协调、组织等能力。

一个人一生中不能将所有技能都掌握。每个人最大的成长空间在于其最终的优势领域，即能够找出自己的特长和自认为还可以开发出来的潜能——列出来，在进行职业选择时择己所长。了解自己能力的方法比较多，一般可采取自我评价与外界评价相结合的办法来实现。自我评价即通过梳理自己大学期间所获得的荣誉，担任学生干部、从事社会实践以及课外学术研究的经历，回想自己有成就感的事情，从而了解自己的专长。外界评价通常采用360°评价法，即让你的老师、家长、同学、朋友都对你的能力进行评价，从而了解自己的专长。最后将自我评价和外界评价相结合，便能客观全面地了解自己的能力。

### 四、气质与职业

**学习引导**

有四个人去看戏，但他们都迟到了，检票小姐不让他们进去。

甲："前门不让进，我看看有没有后门、偏门呀？"

乙（大声嚷嚷）："我有票，你凭什么不让我进去啊？"

丙（好脾气）："你现在不让我进去，待会幕间休息时总得放人吧，我等着！"

丁（垂头丧气）："我怎么这么倒霉啊，好不容易下定决心来一趟，还不让我进，我回家算了，下次我再也不来了！"

四人的反应截然不同，分别代表了四种典型的气质表现：

甲：多血质，活泼机智，反应快，但粗枝大叶，易犯错误。

乙：胆汁质，精力充沛，但时常脾气暴躁，易发火。

丙：黏液质，安静稳重，慢条斯理。

丁：抑郁质，敏感多思，多愁善感。

**想一想**：1. 气质与职业选择存在何种关系？

2. 你属于哪种气质型的？

_____

_____

研究和实践都表明：气质特征是选择职业的重要依据之一，它会影响一个人的工作效率。不同气质类型的人对待事情会有不同的特点和反应方式。

#### 1. 胆汁质

胆汁质的人精力旺盛，激动暴躁，神经活动具有很高的兴奋性。他们能以极大的热情去工作，主动克服工作中的困难；但如果对工作失去信心，情绪就马上会低沉下来。通常倾向选择且适合于竞争激烈、冒险性和风险性强的职业或社会服务型的职业，如运动员、改革者、探险者等，甚至到偏远及开放地区从业。

#### 2. 多血质

多血质的人感受性低而耐受性高，不随意的反应性强，具有较大的可塑性和外倾性。

他们反应迅速而灵活，工作能力较强，情绪丰富易兴奋，并且表现明显。他们极易适应环境，但注意力不稳定，兴趣易转移。他们不适宜从事单调机械的工作和要求细致的工作。通常适合于抛头露面，交际方面的职业，如记者、律师、公关人员、秘书、艺术工作者等。

### 3. 黏液质

黏液质的人具有较强的自我克制能力，能埋头苦干、态度持重不易分心，由于灵活性相对较差，他们可能有因循守旧的倾向。黏液质的人适宜的工作有会计、法官、调解人员、管理人员、外科医生等。

### 4. 抑郁质

抑郁质的人感受性高而耐受性低，不随意反应性低，严重内倾，情绪兴奋性高，而且体验深刻，反应速度慢，相对刻板而不灵活。他们情感细腻，做事谨慎小心，观察力敏锐，善于觉察别人不易察觉的细小事物，但工作的耐受性差，容易感到疲劳，并且容易产生惊慌失措的情绪。他们所适宜承担的工作与胆汁质的人正好相反，诸如打字员、校对员、检查员、化验员、数据登记人员、文字排版人员、机要秘书等职位适合他们。

通常，要求做出迅速、灵活反应的工作，胆汁质、多血质的人适合，而黏液质、抑郁质的人则往往难以适应；相反，要求细腻的工作，黏液质、抑郁质的人较为合适，而多血质、胆汁质的人却不是最佳人选。以上只是从气质典型的角度论及各种气质与职业选择的关联。每一个求职者应从自己的实际气质特征出发，认真考察职业气质要求与自身特征的对应关系，选择那些能使自己气质的积极方面得到发挥的职业与岗位，避开消极的一面。

气质是人们的个性中最稳定的因素，气质本身并没有善恶、好坏之分，每一种气质都有其积极的一面，也有其消极的一面。气质本身并不能决定一个人活动的社会价值和成就高低。每一种职业领域都可以找出各种不同气质类型的代表，同一气质的人在不同的职业部门都能做出突出的贡献。但是，人们所从事的职业，不同的岗位，却对从业人员的气质有不同的要求。某种气质特征，往往能为胜任某项工作提供有利条件，而对另一些工作又表现出明显的不适应。

## 第二节　职业目标与职业生涯规划

### 一、职业生涯

#### 学习引导

**两兄弟爬楼梯**

有一对兄弟，家住在 80 层。一天他们外出旅行回家时，发现大楼停电了！虽然他们背着大包的行李，但看来除了爬楼梯没有别的选择，哥哥对弟弟说，我们就爬楼梯上去吧！

于是他们背着两大包行李开始爬楼梯。爬到20层楼的时候，他们开始累了。哥哥说："包太重了，不如这样吧，我们把包放在这里，等来电后坐电梯来拿。"于是，他们把行李放在了20楼，轻松多了，他们开始有说有笑地往上爬。但好景不长，到了40楼，两人实在累了。想到只走了一半的路程，两人开始互相埋怨，指责对方不注意大楼的停电公告，才会落得如此下场。他们边吵边爬，就这样一路爬到了60楼。

到了60楼，他们累得连吵架的力气也没有了。弟弟对哥哥说："我们不要吵了，爬完它吧。"于是他们继续爬楼，终于到了80楼！兴奋地来到家门口，兄弟俩才发现他们的钥匙留在20楼的包里了……

**想一想**：这个故事告诉我们什么道理？

_____

_____

**思维导航**：上面故事实际上就是我们人生的真实写照：20岁之前，我们活在家人、老师的期望下，背负着很多压力、包袱，自己也不够成熟、能力不足，因此步履难免不稳。20岁之后，逐渐远离了众人关注的压力，卸下了包袱，开始全力以赴地追求自己的梦想，就这样愉快地过了20年。可是到了40岁，发现青春已逝，不免产生许多遗憾和追悔，于是开始遗憾、惋惜、抱怨、嫉恨……就这样在抱怨中度过了20年。到了60岁，发现人生已所剩不多，于是告诉自己不要再抱怨了，就珍惜剩下的日子吧！于是默默地走完了自己的余年。到了生命的尽头，才想起自己好像有什么事情没有完成……原来，我们所有的梦想都留在了20岁的青春岁月，还没有来得及实现。

## （一）职业生涯的含义

生涯是指人生的发展道路。舒伯曾用"生涯彩虹图"呈现出人的一生各个发展阶段所扮演的主要角色：所谓生涯是指一个人在一生中所扮演角色的综合及结果，这些角色包括孩子、学生、休闲者、公民、工作者、配偶、持家者、父母及退休者九项；而这九个角色在家庭、社区、学校及工作这四个场所中扮演。

职业生涯则是对生涯的狭义理解，专指个体职业发展的历程，即一个人终身经历的所有职位的整个历程。职业生涯分为内职业生涯与外职业生涯。内职业生涯是指在职业生涯发展中透过提升自身素质与职业技能而获取的个人综合能力、社会地位及荣誉的总和，它是别人无法替代和窃取的人生财富。外职业生涯是指在职业生涯过程中所经历的职业角色（职位）及获取的物质财富的总和，它是依赖于内职业生涯的发展而增长的。

## （二）职业生涯的分段

舒伯认为，人的职业生涯发展可以划分为成长、探索、建立、维持和衰退五个阶段。

### 1. 成长阶段(0～14 岁)

成长阶段共包括三个时期：一是幻想期(4～10 岁)，它以"需要"为主要考虑因素，在这个时期幻想中的角色扮演很重要；二是兴趣期(11～12 岁)，它以"喜好"为主要考虑因素，喜好是个体抱负与活动的主要决定因素；三是能力期(13～14 岁)，它以"能力"为主要考虑因素，能力逐渐具有重要作用。

在成长期，人开始形成自我概念，学会以不同的方式来表达自己的需要，且经过对现实世界不断地尝试，修饰他自己的角色发展自我形象，发展对工作意义的认识以及对世界的正确态度探索期。

### 2. 探索期(15～24 岁)

探索期属于学习打基础的阶段，包括三个时期：一是试探期(15～17 岁)，考虑需要、兴趣、能力及机会，做暂时的决定，并在幻想、讨论、课业及工作中加以尝试；二是过渡期(18～21 岁)，进入就业市场或专业训练，更重视现实，并力图实现自我观念，将一般性的选择转为特定的选择；三是试验承诺期(22～24 岁)，生涯初步确定并试验其成为长期职业生活的可能性，若不适合则可能再经历上述各时期以确定方向。

通过学校的文体活动、社会实践等机会，对自我能力及角色、职业作了一番探索，试图发现自己的职业方向使职业偏好逐渐具体化、特定化并实现职业偏好建立期。

### 3. 建立期(25～44 岁)

建立期属于选择、安置阶段，包括两个时期：一是尝试期(25～30 岁)，个体寻求安定，也可能因生活或工作上若干变动而尚未感到满意；二是稳定期(31～44 岁)，个体致力于工作上的稳固，大部分人处于最具创意时期，由于资深往往业绩优良。

在建立期，寻求适当的职业领域，逐步建立稳定的地位统整、稳固并求上进维持期。

### 4. 维持期(45～65 岁)

维持期属于升迁和专精阶段，个体仍希望继续维持属于他的工作职位，同时会面对新的人员的挑战。

在维持期，逐渐取得相当的地位，重点在于如何维持地位并面对新的人生挑战维持既有成就与地位衰退期。

### 5. 衰退期(65 岁以上)

衰退期属于退休阶段，由于生理及心理机能日渐衰退，个体不得不面对现实从积极参与到隐退。这一阶段往往注重发展新的角色，寻求不同方式以替代和满足需求。在衰退期，停止原来的工作或退休，并寻求与以前不同的方式来满足需要减速、解脱、退休。

职业生涯发展的各个阶段都包含成长、探索、建立、维持和衰退的循环，构成一个完整的循环式发展任务系统。举例来说，一个中职一年级的新生，必须适应新的角色与学习环境，经过"成长"和"探索"，一旦"建立"了较固定的适应模式，同时"维持"了学习生活之后，又要开始面对另一阶段——准备求职。原有的已经适应了的习惯会逐渐衰退，继而对新阶段的任务又要进行"成长""探索""建立""维持"与"衰退"，如此周而复始。

## 二、职业目标与职业生涯规划

### 学习引导

#### 白马和黑驴的目标

传说唐僧前往西天取经前，曾经到长安附近的一个村子选择坐骑。前来报名的有白马、黄羊、黑驴和青牛，最后唐僧选择了白马。

西天取经一去就是17年。待唐僧返回东土大唐时，已是名满天下的传奇英雄。这匹白马跟随唐僧过火焰山、打白骨精、斗妖魔、战鬼怪，也成了取经的功臣，被誉为"大唐第一名马"。白马衣锦还乡，来到昔日的村庄看望老朋友。很多儿时的同伴都无比崇拜地听它讲这些年的经历，只有黑驴很不服气："为什么你现在这么威风？我这些年闲着了吗？我出的力比你少吗？我走的路比你少吗？凭什么大家对你这么崇拜，听你眉飞色舞地讲？"

白马很平静地说："驴老弟，我随玄奘大师去西天取经，我们有一个优秀的团队，我们有方向、有目标、有使命，遇到任何困难都勇往直前。这些年你走的路确实不比我少，甚至比我还多。你受的累也不比我少。但区别是自从我走了以后，你就被蒙上双眼一直在转圈拉磨，所以你什么也讲不出来。我有一个建功立业、丰富多彩的马生，你却只有一个碌碌无为、无聊至极的驴生。"

没有使命、没有定方向、没有定目标的人不代表他这几年不忙着做一些事情，他也会很辛苦忙碌，但可能只是为满足生存上的需求在忙。

资料来源：程社明. 职业生活规划. 北京：新华出版社，2007.

**想一想：**1：白马和黑驴的对话对你有什么启示？

2. 你的职业目标是什么？说明理由。

_____

_____

_____

### （一）职业生涯规划的含义

职业生涯规划也称职业生涯设计。所谓职业生涯规划，是指个人结合自身情况以及眼前的机遇和制约因素，为自己确定职业目标，选择职业道路，确定发展计划、教育计划等，并为自己实现职业生涯目标而确定行动方向、行动时间和行动方案。

### (二)职业生涯规划的十项内容及案例

**1. 题目**

题目包括规划者的姓名、规划年限、规划起止日期、年龄跨度，显示职业生涯规划的个人特征和时间阶段性。写清规划者的姓名，是强调规划者把命运掌握在自己手中；写清规划年限，说明规划是阶段性的还是终身性的。对于起止日期，开始日期可以详细到年月日，终止日期写到年即可；最后写上年龄跨度，例如，从 30 岁到 40 岁，目的是提醒规划者，人的生命周期是单向和不可逆的，强调时间的紧迫性。

**2. 确定职业方向和总体目标**

确定职业方向和总体目标即在规划的年限期间选择什么职业。总体目标是指当前可以预见的最长远目标。在我们的职业生涯道路上，不管你现在是多大的年龄，你真正有意义的人生，是从确定了职业生涯的方向，确定职业生涯目标那一天开始的。总体目标可以是职务导向，也可以是收入导向，也可以是能力导向。

**3. 社会环境、职业环境分析**

社会环境分析。通过对社会大环境的分析，了解所在国家或地区的政治、经济、法制建设发展方向，以寻找各种发展机会。中国现在正处于近 200 年以来历史最好的发展时期。虽然社会上还有许多的体制弊端，还有许多没有解决的矛盾，但是政治上比较稳定，法制化进程已经开始，市场经济已经初步形成并步入正轨。21 世纪的中华大地充满各种人才成长发展的机遇。但是我们也要看到，人才的竞争日趋激烈，学生就业难、失业率居高不下等，都使我们的就业环境看起来不容乐观，这就更需要在分析好社会现状的基础下，有针对性地做好自己的职业生涯规划。

职业环境分析。职业环境分析是我们需要认清所选定的职业在社会环境中的发展过程和目前所处的社会地位，社会发展趋势对此职业的影响。包括职业的发展趋势，职业内涵中的五个因素(社会分工、专门知识技能、创造财富方式、报酬水平、满足需求的程度)发展变化的趋势。

国家经济的发展和科技的进步，一定会导致社会职业结构的变化，新的职业会出现，还有一些职业会衰退，或是有些职业虽然存在，但其相关属性或内涵已经发生了变化。是否能预测一种职业的发展趋势，是否能预测职业内涵的演化，对一种职业是否有深刻的认识将关系到我们能否在把握社会环境变化的基础上，为自己人生的发展找到或创造适宜的职业平台，有效地规划职业生涯。如果你希望抓住机遇，建立明确的职业目标，有效降低机会成本和降低选择的风险，那么深入的职业环境分析是必不可少的重要一环。

**4. 行业分析、企业分析**

行业分析。行业环境分析就是一个人对目前所在行业和将来想从事的目标行业的环境进行分析，包括行业现状、行业目前的优势与问题所在、行业发展前景预测、国际国内重大事件对该行业的影响等。行业分析时要注意行业和职业的区别。在同一行业可以从事不同的职业，比如在建筑行业，你可以做建筑工程师，也可以做财务经理。在不同行业里，可以从事同一职业。例如，在金融行业、运输行业你都可以担任人力资源经理。

企业分析。企业分析包括企业在本行业或新的发展领域中的地位和发展前景，企业产品在市场上的发展前景，企业在本行业中的竞争力，企业领导人的抱负及能力，企业文化和企业制度。通过企业分析，要得出以下结论：自己对企业发展战略、企业文化和管理制度的认同程度，企业组织结构发展的变化趋势，与自己有关的未来职务的发展预计。根据企业分析，看准企业最需要什么类型人才，结合企业情况，找出个人发展和企业发展的利益结合点。每个人要考虑自己在本企业内实现职业生涯目标的可能性有多大。

### 5. 角色建议

在职业生涯发展过程中，你一定能找出一些对你起重要作用的人。这些人可能是企业最高领导人，可能是人力资源部经理，可能是你的直接上级，可能是你的直接下级或是平级，也可能是你的主要家庭成员，如父母、配偶，也可能是老师、同学、朋友。

在做职业生涯规划时，至少要找到三个对自己重要的职业生涯角色。写出三个人的姓名、与自己的关系，如上级、配偶、朋友、子女、下级等。他们的作用是什么？他们的建议是什么？保持联系的方法、频率和目的。角色的建议和要求，不一定完全符合自己的想法，但一定要客观地记录下来作为参考。

### 6. 目标分解、选择与组合

职业生涯目标分解是根据观念、知识、能力差距，将职业生涯的远大目标分解为有时间规定的长、中、短期分目标，直至将目标分解为某确定日期可以采取的具体步骤。目标分解是将目标清晰化、具体化的过程，是将目标量化成可操作的实施方案的有效手段。分解后的小目标之间可以进行时间上或功能上的组合，以便我们集中时间、精力和其他资源，去实现最有意义的或最有把握的目标。

目标分解案例：

2017—2019 年

知识目标：多多看书，增加电气自动化领域的新知识；拿到高级维修电工证。

学位目标：取得大专证书。

能力目标：通过各种活动大赛，让自己的各方面能力得到提高。

经济目标：每月在学校勤工俭学挣取 500 元钱，为家里减轻负担。

2020—2024 年

知识目标：自学 Flash 软件和 Photoshop 软件；拿到技师资格证书。

能力目标：提高自我的人际沟通能力、团队合作能力，打造良好的工作关系网。

职位目标：成为大公司的车间管理人员或中小公司的电气加工车间的主任。

经济目标：年收入 10 万元左右。

2025—2030 年

知识目标：学习一些营销学、经济学、管理学方面的知识。

能力目标：提高自己的决策能力，团队管理能力。

职位目标：大型制造业公司的部门负责人或者中小型公司的副总经理。

经济目标：年收入 20 万~30 万元。

### 7. 确定成功的标准

成功需要有标准，主要看自己制定的目标是否在预期的时间内完成。成功定义包括这样一些内容：成功意味着什么？成功的时间、成功的范围、成功与健康、成功与家庭、被承认的社会地位、被承认的方式、能使自己满意的金钱数、想拥有的权势和社会地位等。

### 8. 自身条件及潜力测评

制定职业生涯规划要求每个人真正了解自己，对过去的职业生涯做总结，依据个人背景材料，对自己的能力、潜力进行自省和测评，并明确自己的预期发展目标。将自己本身的条件、发展潜能、发展方向与环境给予的机遇和制约条件相比较，最终达到"觉醒"，即知道自己已经做了什么，想要做什么，能做什么。

自身条件包括以下因素：兴趣、爱好、天赋、专长、知识水平、操作能力、身体条件、价值观念、情绪智力、家庭条件等。

哈佛大学人类学家查尔斯认为，每个人都有七种潜在能力：非语言表达能力、说话能力、聆听技巧、沟通能力、适应他人的能力、时间和空间的管理能力、预测力。

潜能测评是进行自身条件分析的一个途径，但应注意以下两点：一是认认真真做一次自我潜能测评。主要是测评自己的职业兴趣、职业人格、职业能力、职业知识，并请相关行业的成功人士或资深从业人员提出建议。潜能测评和别人的评价建议像一面镜子可以折射出你自己的特长和发展潜力。二是千万不要太看重测评结果。因为潜能测试是针对一般情况设计的，并非针对某个具体人，设计者更不会知道你此时的志向。潜能测评能够帮助你找到的是你目前状况与自己期望达到的那个目标所要求的知识以及能力上的差距。看到差距后，放弃还是坚持原定的目标，选择权在自己手中。

### 9. 找到差距

差距是一个人职业素质的现状与职业生涯目标实现所需要职业素质要求的差距，包括思想观念上的差距、知识上的差距、心理素质上的差距以及能力上的差距。实现目标的过程就是缩小差距的过程。分析目前的状况与实现目标所需要的知识、能力、观念等方面的差距，才能采取有效的行动。

### 10. 缩小差距的方法及实施方案

实施方案要有明确的时间坐标，并具有可操作性。缩小差距的方法，主要是教育培训、讨论交流以及实际锻炼三种方法。教育培训的方法侧重于向书本学习；讨论交流的方法侧重于向别人学习——听君一席话，胜读十年书；而实践锻炼的方法是最根本的方法，就是去争取改变工作内容和工作方法，着重处理自己能力较差的工作。通过教育培训、讨论交流的方法所取得的知识、观念，都要通过实践锻炼来应用。

## 第三节　职业生涯决策

### 一、职业生涯决策的风格

**学习引导**

#### 刘德华的选择

　　我第一次要面对人生抉择是中五毕业那年，左手拿着无线艺员训练班的报名表格，右手拿着应届高等程度教育课程的报名表，顿时觉得自己的前途都掌握在自己手中。要继续学业，还是去读艺员训练班？再念两年中学，毕业后又何去何从？是再念大学，然后硕士、博士这样一路念下去？还是选修艺员训练班有一技之长，将来无论条件符合与否，台前幕后也好，总算有门专业知识傍身？一连串的问题此起彼落在我心中想起，魔鬼天使各据一方，展开辩论大会。反反复复地考虑，我把自己的优点和缺点逐一写在纸上，给自己理智地分析利弊：这样一直念书适合我的性格吗？我喜欢什么样的人生呢？平稳安定，还是多姿多彩，充满挑战？直到那一天才明白，人才是自己生命最大的主宰，向左走还是向右走都是自己决定的路，与天无忧。我的心做了我的指南针，只有它才会明白我要的方向，也是它让我选择了左手那张报名表。

　　资料来源：刘德华. 我是这样长大的.

　　**想一想**：你是怎样进行职业生涯决策的？

　　职业生涯决策或职业决定，有广义和狭义之分，广义的职业决策是指一个完整的职业规划的过程，而狭义的职业决策是指职业规划过程中的一个环节，即决定未来从事什么工作，过什么样的人生。职业生涯决策是一个复杂的认知过程，通过此过程，决策者收集并整理有关自我和职业环境的信息，仔细考虑各种可供选择的职业前景，做出职业选择。

　　美国职业生涯专家斯科特（Scott）和布鲁斯（Bruce）认为决策风格是在后天的学习经验中逐渐形成的，可以将决策风格划分为五种类型：理智型、直觉型、依赖型、回避型和自发型。

#### 1. 理智型

　　理智型以周全的探求，对选择的逻辑性评估为特征。理智型的决策者具备深思熟虑、分析、逻辑的特性。这类决策者会评估决策的长期效用并以事实为基础做出决策。理智型决策风格是比较受到推崇的决策方式，强调综合全面地收集信息、理智的思考和冷静的分析判断，是其他决策风格的个体需要培养的一种良好的思考习惯。但理智型的决策风格也并不是理想的、完美的决策方式，即使采用系统的、逻辑的方式，也会出现因为害怕承担决策的后果而不能整合自己和重要他人观点的困扰。

### 2. 直觉型

直觉型以依赖直觉和感觉为特征，比较关注内心的感受。直觉型的决策风格以自我判断为导向，在信息有限时能够快速做出决策。当发现错误时能迅速改变决策。由于以个人直觉而不是理性分析为基础，这类决策发生错误的可能性较大，因此，易造成决策不确定性，容易丧失对直觉型决策者的信心。

### 3. 依赖型

依赖型以寻求他人的指导和建议为特征。依赖型的决策者往往不能够承担自己做决策的责任，允许他人参与决策并共同分享决策成果，会受到他人的正面评价，但也可能因为简单地模仿他人的行为导致负面的反应。依赖型的决策者需要理解生活中重要他人对自己的影响程度。

### 4. 回避型

回避型以试图回避做出决策为特征。回避型的决策风格是一种拖延、不果断的方式。面对决策问题会产生焦虑的决策者，往往因为害怕做出错误决策而采取这样的反应。往往是由于决策者不能够承担做决策的责任，而倾向于不考虑未来的方向，不去做准备，不知道自己的目标，也不思考，更不寻求帮助。这样的决策者更容易受到学校等支持系统的忽略。所以，这些学生需要意识到自身的决策风格及其可能造成的危害，努力调整，增强职业生涯规划的意识和动机，才能从根本上得到帮助。

### 5. 自发型

自发型以渴望即刻、尽快完成决策为特征。自发型的个体往往不能够容忍决策的不确定性以及由此带来的焦虑情绪，是一种具有强烈即时性，并对快速做决策的过程有兴趣的决策风格。自发型决策者常会基于一时的冲动，在缺乏深思熟虑的情况下做出决策，此类决策者通常会给人果断或过于冲动的感觉。

## 二、职业生涯决策方法

### 学习引导

**从就业到创业的决策**

小刘在填报高考志愿时，听从家长的安排，选择了经济类专业，认为学这个专业将来容易找工作，名声也好听，在沿海商业比较发达的城市更容易实现"月薪过万"或者"进入全球500强企业"的目标。大学毕业后，小刘如愿以偿地进入了一家跨国企业，经过几年的努力，也实现了"月薪过万"的目标，但是他无法找到自己工作的真正意义，并不快乐。思考再三，他辞掉了原来的工作，选择了自己创业——开一间甜品店。虽然工作比原来辛苦很多，收入也没有原来高，但是，小刘却很开心，因为顾客们吃到好吃的东西时开心、满足的表情，让他找到了自己工作的意义和价值。

**想一想**：小刘是通过什么方法决定从就业走向创业的？

## （一）5W法

为自己设计职业生涯规划，可使用一些简便易行的方法。这里介绍一种"5W法"，即用5个"WHAT"归零思考。这是一种被许多成功人士应用的方法，依托的是归零史的模式，从问自己是谁开始，如果能够成功回答完五个问题，你就有最后答案了。"5W"是：

Who am I?（我是谁？）

What will I do?（我想干什么？）

What can I do?（我能干什么？）

What does the situational low me to do?（环境支持或允许我做什么？）

What is the plan of my career and life?（我的职业与生活规划是什么？）

回答了这5个问题，找到它们的最高共同点，你就有了自己的职业生涯规划，如果你有兴趣，现在就可以试试。

先取出五张白纸，一支铅笔，一块橡皮。在每张纸的最上边分别写上上述五个问题。然后静下心来，排除干扰，按照顺序，独立地仔细思考每一个问题。

对于第一个问题"我是谁？"，回答的要点是：面对自己，真实地写出每一个想到的答案；写完了再想想有没有遗漏，认为确实没有了，按重要性进行排序。

对于第二个问题"我想干什么？"，可将思绪回溯到孩童时代，从人生初次萌生等一个想干什么的念头开始，然后随年龄的增长，回忆自己真心向往过、想干的事，被一一地记录下来，写完后再想想有无遗漏，确实没有了，就认真地进行排序。

对于第三个问题"我能干什么？"，则要把确实已证明的能力和自认为还可以开发出来的潜能都一一列出来，认为没有遗漏了，就认真地进行排序。

第四个问题"环境支持或允许我干什么？"，回答则要稍作分析：环境，有本单位、本市、本省、本国和其他国家，自小向大，认为自己有可能借助的环境，都应在考虑的范畴之内。在这些环境中，认真想想自己可能获得什么支持和允许，搞明白后一一写下来，再以重要性排列一下。

如果能够成功回答第五个问题"我的职业与生活规划是什么？"，你就有了最后的答案。做法是：把前四张纸和第五张纸一字排开，然后认真比较第一至第四张纸上的答案，将内容相同或相近的答案用一条横线连起来，你会得到几条连线，而不与其他连线相交的，又处于最上面的线，就是你最应该去做的事情，你的职业生涯就应该以此为方向。你要在此方向上以三年为周期，提出近期、中期与远期的目标，然后在近期的目标中提出今年的目标，将今年的目标分解为每季度目标、每月目标、每周目标、每天目标。这样，你每天睡前就可以对照自己的目标进行反省，总结当日成就与失误、经验与教训，修正明天的目标与方法，第二天醒过来后温习就可以投入行动了！这样日积月累，没有不能实现的规划。

## (二)SWOT 分析法

SWOT 分析法又称为态势分析法，它是由旧金山大学的管理学教授于 20 世纪 80 年代初提出来的，SWOT 四个英文字母分别代表：优势(Strength)、劣势(Weakness)、机会(Opportunity)、威胁(Threat)。所谓 SWOT 分析，即态势分析，就是将与研究对象密切相关的各种主要内部优势、劣势、机会和威胁等，通过调查列举出来，并依照矩阵形式排列，然后用系统分析的思想，把各种因素相互匹配起来加以分析，从中得出一系列相应的结论，而结论通常带有一定的决策性。

运用这种方法，可以对研究对象所处的情景进行全面、系统、准确的研究，从而根据研究结果制定相应的发展战略、计划以及对策等。SWOT 分析法常常被用于制定集团发展战略和分析竞争对手情况，在战略分析中，它是最常用的方法之一。

SWOT 分析是检查你的技能、能力、职业、喜好和职业机会的有用工具。如你对自己做个细致的 SWOT 分析，那么，你会很明了地知道自己的个人优点和弱点在哪里，并且你会仔细地评估出自己所感兴趣的不同职业道路的机会和威胁所在。一般来说，求职者在进行 SWOT 分析时，应遵循以下四个步骤。

(1)评估自己的长处和短处。我们每个人都有自己独特的技能、天赋和能力。在当今分工非常细的市场经济里，每个人擅长于某一领域，而不是样样精通。例如，有些人不喜欢整天坐在办公桌旁，而有些人则一想到不得不与陌生人打交道时，就惴惴不安。请做个表，列出你自己喜欢做的事情和你的长处所在(如果你觉得界定自己的长处比较困难，你可以找一些测试习题做一做，做完之后，可以发现你的长处所在)。同样，通过列表，你可以找出自己不是很喜欢做的事情和你的弱势。找出你的短处与发现你的长处同等重要，因为你可以基于自己的长处和短处做两种选择：一是努力去改正你常犯的错误，提高你的技能，二是放弃那些对你不擅长的技能要求很高的职业。列出你认为自己所具备的很重要的强项和对你的职业选择产生影响的弱势，然后再标出那些你认为对你很重要的强、弱势。

(2)找出你的职业机会和威胁。我们知道不同的行业(包括这些行业里不同的公司)都面临不同的外部机会和威胁，所以，找出这些外界因素将助你成功地找到一份适合自己的工作，对你求职是非常重要的，因为这些机会和威胁会影响你的第一份工作和今后的职业发展。如果公司处于一个常受到外界不利因素影响的行业里，很自然，这个公司能提供的职业机会将是很少的，而且没有职业升迁的机会。相反，充满了许多积极的外界因素的行业将为求职者提供广阔的职业前景。请列出你感兴趣的一两个行业，然后认真地评估这些行业所面临的机会和威胁。

(3)提纲式地列出今后五年内你的职业目标仔细地对自己做一个SWOT分析评估，列出你从学校毕业后 5 年内最想实现的四五个职业目标。这些目标可以包括：你想从事哪一种职业，你将管理多少人，或者你希望自己拿到的薪水属哪一级别。请时刻记住：你必须竭尽所能地发挥出自己的优势，使之与行业提供的工作机会完满匹配。

（4）提纲式地列出一份今后 5 年的职业行动计划这一步主要涉及一些具体的东西。请你拟出一份实现上述第三步列出的每一目标的行动计划，并且详细地说明为了实现每一目标，你要做的每一件事，何时完成这些事。如果你觉得你需要一些外界帮助，请说明你需要何种帮助和你如何获取这种帮助。举个例子，你的个人 SWOT 分析可能表明，为了实现你理想中的职业目标，你需要进修更多的管理课程，那么，你的职业行动计划应说明你何时进修这些课程。你拟订的详尽的行动计划将帮助你做决策，就像公司事先制订的计划为职业经理们行动指南一样。诚然，做此类个人 SWOT 分析会占用你的时间，而且还需认真地对待，但是，详尽的个人 SWOT 分析却是值得的，因为当你做完详尽的个人 SWOT 分析后，将有一个连贯的、实际可行的个人职业策略供你参考。

# 创业能力培养

## 第一节　自我管理能力

### 一、自我认知管理

**学习引导**

#### 小兔子学游泳

有一只小兔子被送进了动物学校，它最喜欢跑步课，并且总是得第一；最不喜欢的则是游泳课，一上游泳课它就非常痛苦。小兔子每天垂头丧气地到学校上学，老师问它是不是在为游泳太差而烦恼，小兔子点点头，盼望得到老师的帮助。老师说："其实这个问题很好解决，你跑步是强项，游泳是弱项，这样好了，你以后不用上跑步课了，可以专心练习游泳。"

想一想：1. 老师给小兔子的建议是否正确？为什么？

2. 现实中你的强项和弱项分别是什么？

_____

_____

_____

### （一）自我认知的含义

自我认知也叫自我意识，或叫自我（EGO），是个体对自己存在的觉察，包括对自己的行为和心理状态的认知。

从自我的内容上来划分，自我可以分为生理自我、心理自我和社会自我。生理自我是指个体对自己的生理属性的认识，如身高、体重、长相；心理自我是指个体对自己心理属性的认识，如心理过程、能力、气质、性格等；社会自我是指个体对自己社会属性的认识，如自己在各种社会关系中的角色、地位、权力等。

## (二)自我意识

自我意识是一个多维度、多层次的复杂心理系统，它在内容、形式和自我观念上表现为自我认识、自我体验和自我调控。

自我认识是自我意识的认知成分，指个体对生理自我、心理自我和社会自我的认识。它包括自我感觉、自我观察、自我观念、自我分析和自我评价等层次。其中，自我观念、自我分析和自我评价是最主要的，集中体现了个体的自我认识水平乃至自我意识的发展水平，也是自我体验和自我调控的前提。

自我体验是自我意识的情感成分。在自我认识的基础上产生，反映个体对自己所持的态度。它包括自我感受、自爱、自尊、自信、自卑、内疚、自豪感、成就感、自我效能感等层次。其中，自尊是自我体验中最主要的方面。

自我调控是自我意识的意志成分，指个体对自己行为和心理活动的自我作用过程。它包括自立、自主、自律、自我监督、自我控制和自我教育等层次。其中，自我控制和自我教育是最主要的方面。

## (三)培养正确的自我意识

### 1. 正确的自我观

你认识你自己吗？事实上很多人并不真正了解自己。"不识庐山真面目，只缘身在此山中"，要完全了解自己真的很难，我们可以从下面几点做起：

(1)正确地认知自我。"人贵有自知之明"，全面而正确地自我认知是培养健全的自我意识的基础。只有正确认识自己，才能科学对待自己的过去，恰当地确立自我发展的方向，实实在在地把握现在；才能在社会情境中找到自己恰当的位置，才能理解他人，尊重他人，与他人和谐相处，被社会所接纳。

(2)多角度地评价自我。通过自我评价和听取他人对自己的评价，来正确认识自己。我们自己不妨认真仔细地想一想，用尽量多的形容词描述自己，要忠实于自己的内心。在此基础上，进行第二步，他人对自我的描述，即父母眼中的我、同学眼中的我、老师眼中的我、恋人眼中的我、兄弟姐妹眼中的我。再寻找这些描述中共同的品质，将其归类。描述的维度越多，越能找到比较正确的自我。

(3)经常地自我反省。曾子说"吾日三省吾身"，就是一种自我监督活动，没有自我反省，就无从实现自我完善。通过反省、分析自己成功或失败的原因，对自己作一分为二的分析，严于剖析自我，敢于批评自己，以调整自我评价，从而来定位自我，提高自我认识，作为自我调控的出发点。

**2.** 自我悦纳

自我悦纳是对自己的本来面目持肯定、认可的态度，是自我意识健康发展的关键所在。一个人只有欣然地接受自我，才能有信心去面对真实的我，自尊、自爱，珍惜自己的人格和名誉，注重自我修养，使自己发展到一个较高境界。如果一个人不喜欢别人，他可以远离他(她)；但一个人不喜欢自己，则是必须解决的问题。积极的自我悦纳可以从以下几点做起。

(1)喜欢自己。自我悦纳首先要接纳自己，喜欢自己，欣赏自己，看到自己身上的闪光点，潜藏着大量待挖掘的能量，具有存在的价值。天生我材必有用，因而不必苛求自己做个十全十美的人。体会自我的独特性，在此基础上体验价值感、幸福感、愉快感与满足感。

(2)保持乐观、性情开朗。一种美好的心境，比十服良药更能解除生理上的疲劳和痛苦。比如同学们到了新的环境，经常面临着各种生活、学习压力，经常遇到各种挫折和冲突，有的同学碰到挫折说："哎呀，这种可笑的事情竟让我碰上了"。像这样以开朗的心情把自己的失败告诉他人的人，一定是一个充满活力的人。

(3)全面看待自己的优、缺点。每个人都既有长处又有弱点，接纳自己的不完美，树立正确的认知观念。人既不会事事行，也不会事事不行；一事行不能说事事行，一事不行也不说明事事不行，要善于克服自己的缺点，扬长避短，充分地发挥自身潜力。

**3.** 有效地控制自我

有效地控制自我是健全自我意识完善的根本途径，我们要控制自我，应该做到以下几点。

(1)培养顽强的意志力。很多学生为自己树立了远大的目标和理想，在努力的过程中，没有足够的自制能力和意志，经受不住挫折和打击，无法实现自我理想。有的学生经常说："我想早起，可就是没有恒心。""我想学习，可就是学不进去。"

培养顽强的意志，发展坚持性和自制力，增强挫折耐受力，使自己能自觉主动地认清目标，为实现目标而努力排除干扰、克服困难。

(2)培养自信心。自信心是一种自我肯定的信念，在自我意识中往往以"我行""我能行""我是不错的""我比很多人都强"等观念得以存在与表现，并会有意无意地体现在行为之中。所以，有无自信心对个体来说是非常重要的。比如：对于自傲的人，应当有意地控制自己。而对于自卑的人，更应当有效地调控自我，时常地进行积极的自我暗示，当面临某种事情感到自己信心不足时，不妨自己给自己壮胆："你一定会成功！一定会的。"

(3)重塑自我、不断地超越自我。认识自我，接纳自我，都是为了塑造自我，超越自我。对于我们而言，超越自我更是终身努力的目标。在行动上，无论对人对事，均全力以赴，使自己的能力品行得到最大限度的发挥。超越是一种境界，更是一种过程，一种"新我、独特的我、最好的我"形成过程，它不是一帆风顺的，需要付出艰辛的努力和沉重的代价。

在这个世界上，你是独一无二的，生下来你是什么，这是上帝给你的礼物，你将成为什么，这是你给上帝的礼物。上帝给你的礼物我们无法选择，但你给上帝的礼物，将由你个人去创造，主动权在你自己，就是：认识自我，悦纳自我，激励自我，控制自我，完善自我，超越自我。

## 二、自我时间管理

### 学习引导

#### 谁扛走了富翁的"箱子"

一位富翁买了一幢豪华的别墅。从他住进去的那天起，每天下班回来，他总看见有个人从他的花园里扛走一只箱子，装上卡车拉走。

他来不及叫喊，那人就走了。这一天他决定开车去追。那辆卡车走得很慢，最后停在城郊的峡谷旁。

陌生人把箱子卸下来扔进了山谷。富豪下车后，发现山谷里已经堆满了箱子，规格式样都差不多。

他走过去问："刚才我看见你从我家扛走一只箱子，箱子里装的是什么？这一堆箱子又是干什么用的？"

那人打量了他一番，微微一笑说："你家还有许多箱子要运走，你不知道？这些箱子都是你虚度的日子。"

"什么日子？"

"你虚度的日子。"

"我虚度的日子？"

"对。你白白浪费掉的时光、虚度的年华。你朝夕盼望美好的时光，但美好时光到来后，你又干了些什么呢？你过来瞧，它们个个完美无缺，根本没有用，不过现在……"

富豪走过来，顺手打开了一只箱子。

箱子里有一条暮秋时节的道路。他的未婚妻踏着落叶慢慢走着。

他打开第二只箱子，里面是一间病房。他的弟弟躺在病床上等他回去。

他打开第三只箱子，原来是他那所老房子。他那条忠实的狗卧在栅栏门口眼巴巴地望着门外，已经等了他两年，骨瘦如柴。富豪感到心口绞痛起来。陌生人像审判官一样，一动不动地站在一旁。富豪痛苦地说："先生，请你让我取回这三只箱子，我求求您。我有钱，您要多少都行。"

陌生人做了个根本不可能的手势，意思是说："太迟了，已经无法挽回。"说罢，那人和箱子一起消失了。

资料来源：陈勇．江淮晨报，2010 年 12 月 31 日。

**想一想**：这个故事告诉我们什么道理？对曾经发生的事情，你最后悔的是什么？

_____

_____

_____

_____

### 1. 时间管理的含义

时间管理（Time Management）就是用技巧、技术和工具帮助人们在一定时间内完成工作，实现目标。时间管理并不是要把所有事情做完，而是更有效地运用时间。时间管理的目的除了要决定你该做些什么事情之外，还要决定什么事情不应该做；时间管理不是完全地掌控，而是降低变动性。时间管理最重要的功能是通过事先的规划，作为一种提醒与指引。

### 2. 有效利用时间，拒绝干扰

有人统计过，一个人如果活 72 岁，平均起来，他的时间分配情况大约是：睡觉 20 年，学习、工作 14 年，文娱、体育 8 年，吃饭 6 年，坐车、走路 5 年，化妆、打扮 5 年，聊天 4 年，看书 3 年，等人 3 年，生病 3 年，打电话 1 年。这个统计的确让人触目惊心，原来我们的一生当中竟有那么多宝贵的时间是浪费在毫无意义的事情上。

国外的统计数据指出，人们在工作中，平均每 10 分钟会受到 1 次干扰，每小时大约 6 次，每天大约 50 次。平均每次打扰大约是 5 分钟，每天大约 4 小时，其中，80％（约 3 小时）的干扰是没有意义或者极少有价值的。同时，人被干扰后重拾原来的思路平均需要 3 分钟，每天总共大约 2.5 小时。这样，每天因干扰而产生的时间损失约为 5.5 小时，按 8 小时工作计算，这占了工作时间的 68.7％。以下 8 条是拒绝外界干扰的基本技巧。

（1）用制度拒绝干扰。利用规章制度拒绝干扰是非常有效的，一般单位在工作时间里，会用各种规章制度来限定员工的行为，如不许串岗、不许聊天闲谈等，都可以限制干扰。比如，在上班时间，你的朋友打电话找你过去帮忙，你就可以说，公司有规定上班时间不能擅自离岗。

（2）不要使用"挡箭牌"。我们经常听到这样的拒绝："还没有考虑好""等一等再说""研究研究再说"等，这样的推托言辞不明不白，效果并不好。对方很容易看出你在使用"挡箭牌"应付他。

（3）拒绝时保持和颜悦色或夹带赞赏。必要时可以在拒绝中夹带表扬或赞赏。人们往往有这样一种心理，当听到别人的赞赏时，再去听批评或拒绝的话，更容易接受。

（4）拒绝的态度要坚决果断。不能犹豫不定，不能左顾右盼。你一旦决定拒绝别人，就要坚决果断。一旦给人家模棱两可的感觉，对方就会感到你的立场并不坚定，他认为还有希望，就会继续对你软磨硬泡。

（5）在拒绝中争取主动的地位。拒绝时，要简明地说出拒绝的理由，说话时节奏要慢一些，让对方充分听懂，讲完后，你要做到不露声色，最好沉默不语，保持平静可以使你处于主动的地位。

(6)拒绝时要避免争吵。在拒绝时，如果出现对方要与你争辩，怎么办？这时千万要注意，对于他的抱怨或不满，你可以倾听，你可以反复说明，你也可以沉默不语，甚至你可以躲开暂时不听，等他情绪平静下来以后，你再来听，但绝不可以与之争辩。

(7)拒绝时要坚持"对事不对人"。在拒绝中把握"对人尊重、对事拒绝"这个技巧，在谈判时，拒绝通常是坚决的、有力的，但拒绝的同时，给对方一个迫不得已的感觉，对人没有丝毫不尊重的意思。

(8)拒绝后附带提出建设性的意见。拒绝之后，如有可能，你最好站在对方的角度想一想，可以向对方提供一些建设性的意见。这样，可以让对方觉得你拒绝他是不得已的。这些建议的提出可以淡化因为你拒绝而产生的不良气氛，让他感到有人情味和被尊重。

**3. 时间管理四象限法**

时间"四象限"法是美国管理学家科维提出的一个时间管理的理论，把工作按照重要和紧急两个不同的程度进行了划分，基本上可以分为四个"象限"：既紧急又重要、重要但不紧急、紧急但不重要、既不紧急也不重要。按处理顺序划分：先是既紧急又重要的，接着是重要但不紧急的，再到紧急但不重要的，最后才是既不紧急也不重要的。

(1)第一象限是重要又急迫的事。如应付难缠的客户、住院开刀、职业技能考试等。第一象限的内容考验我们的经验、判断力，也是可以用心耕耘的园地。很多重要的事都是因为一拖再拖或事前准备不足，而变成迫在眉睫。

(2)第二象限是重要但不紧急的事。主要与生活品质有关，包括长期的规划、问题的发掘与预防、参加技能培训、向上级提出问题处理的建议等事项。实践证明多投入一些时间在这个领域有利于提高实践能力，缩小第一象限的范围。做好事先的规划、准备与预防措施，很多急事将无从产生。

(3)第三象限是紧急但不重要的事。如电话、会议、突来访客等。这一象限表面看似第一象限，因为迫切的呼声会让我们产生"这件事很重要"的错觉，实际上就算重要也是对别人而言。我们花很多时间在这个里面打转，自以为是在第一象限，其实不过是在满足别人的期望与标准。

(4)第四象限属于不紧急也不重要的事。如阅读令人上瘾的无聊小说、毫无内容的电视节目、办公室聊天等。简言之，就是浪费时间和生命的部分，所以不值得花费时间在这个象限。但我们往往在第一、第三象限来回奔走，忙得焦头烂额，不得不到第四象限去疗养一番再出发。这部分范围倒不见得都是休闲活动，因为真正有创造意义的休闲活动是很有价值的。然而像阅读令人上瘾的无聊小说、办公室聊天等，这样的休息不但不是为了走更长的路，反而是对身心的毁损，刚开始时也许有滋有味，到后来你就会发现其实是很空虚的。

**4. 时间管理应注意的三个问题**

(1)重视时间资源。时间是每个人人生中最重要的资源，如果自己对自己的时间一点儿不重视，那么本身就在浪费自己的资源；在观念上如果没有很好去重视时间，那么在人生成功的战略上，他已经输给了别人。因此，我们首先要重视时间，时间其实对每个人来讲，也是一种稀缺的资源。每天只有 24 小时，每小时都只有 60 分钟，如何利用这宝贵的时间去充实自己的人生，为自己的成功铺路，值得去思考。

（2）科学利用时间。思考一下，我们每天的时间都花在哪了？再分析一下花在这些方面的时间对自己是否有价值？是否充实了自己，在为自己的成功铺路？摒弃浪费的习惯，在有限的时间内学习和锻炼对自己有用的东西，是否更有价值？时间要花在有价值的事情上，要建立时间管理的概念，科学利用时间。

（3）劳逸结合，追求效率。在充分利用时间的情况下，还要注意科学的时间搭配，充分了解我们的大脑工作机制。不能一味地疯狂劳动或学习。要追求效率，在有限的时间内达到效率最大化。工作中经常有些人，工作很卖力，做得勤勤恳恳，但是最后提拔的时候却没有他们。为什么？其中一个主要的原因就是没有注意效率。单位时间内做的有用功达到一个相当的数值，才能体现自身的能力。庸碌者碌碌无为的最大原因就是效率低下，结果造成自己做得很累，也没有得到别人的认可，得到的最多只有同情。

在时间管理上，具体的做法只有在生活和工作中慢慢体会。珍惜每个可以利用的时间，让自己在有限的时间内达到充分的进步，那么你就成功了一半。

## 三、自我学习管理

### 学习引导

#### 你在为谁而"玩"

一群孩子在一位老人家门前嬉闹，叫声连天。几天过去，老人难以忍受，于是，他出来给了每个孩子 25 美分，对他们说："你们让这儿变得很热闹，我觉得自己年轻了不少，这点钱表示谢意。"

孩子们很高兴，第二天仍然来了，一如既往地嬉闹。老人再出来，给了每个孩子 15 美分。他解释说，自己没有收入，只能少给一些。15 美分也还可以吧，孩子仍然兴高采烈地走了。

第三天，老人只给了每个孩子 5 美分。

孩子们勃然大怒，"一天才 5 美分，知不知道我们多辛苦!"他们向老人发誓，再也不会为他玩了!

**想一想**：1. 寓言中的孩子开始为"谁"玩，后来又为"谁"玩？

2. 这则寓言告诉我们什么道理？

_____

_____

_____

#### 1. 学习动机的含义

学习动机是指学生个体内部促使其从事学习活动的驱动力。学习动机反映着学生的某种需要，它推动学生进行一定的学习活动以满足这种需要。学习动机一般表现为强烈的求知愿望，对未知世界的好奇心及兴趣，认真积极的学习态度等。

### 2. 学习动机的种类

根据不同的特点，学习动机也可以分为不同的种类。

根据学习动机的内容指向可分为直接性学习动机和间接性学习动机。直接性学习动机直接指向学习活动本身，是由对学习的直接兴趣以及对学习活动的直接结果的追求所引起的；间接性学习动机则是与社会意义相联系的动机，是社会要求在学习上的反映。

根据学习动机在学习活动中所起作用的不同，可将之区分为主导性学习动机和辅助性学习动机。主导性学习动机是指一个学生的几种学习动机中起主导作用的学习动机；辅助性学习动机则是在几种学习动机中不占主导地位的学习动机。辅助性学习动机有的能促进主导性学习动机，因而会与主导性学习动机同时并存；有的则不能促进主导性学习动机，因而会被抑制甚至完全被克服掉。

根据学习动机的来源，又可将之划分为内部动机和外部动机。学习的内部动机来源于学生自身的兴趣、爱好等，它较为持久，且使学习者处于一种主动积极的学习活动状态。学习的外部动机则是由外界的诱因所决定的，它往往较为短暂，受这种学习动机所推动的学习活动也往往处于一种被动状态。

### 3. 学习动机与学习的关系

一般来讲，没有学习动机便没有学习活动。学习动机是推动学生进行一定的学习活动的内部力量。它在学生学习活动中的作用主要表现在以下三个方面。

第一，学习动机决定学习方向。一个学生只有明确了学习的目的和方向，才会进行学习活动。

第二，学习动机决定学习的进程。学生学习动机的强弱直接影响学习进程的稳定性和持久性。一个有着强烈学习动机的学生，在学习过程中就会表现出坚强的意志和认真的学习态度。

第三，学习动机影响学习的效果。具有较强学习动机的学生一般成绩较好。

从上面的分析我们已经知道，学习动机对学习有着重要的促进作用。学生想要提高自己的学习成绩，很重要的一个方面就是努力提高自己的学习动机的水平，即激发自己的学习动机。

### 4. 学习动机的激发

激发学习动机的方法有许多种，根据学习动机形成的特点，可采用以下几种方法来激发和培养学生的学习动机。

（1）形成学习需要。一般来讲，学习需要是健康的个体所固有的，重要的是个体要使自己明确意识到这种需要，并进而使这种需要成为促进学习动机产生的直接动因。

（2）形成对学习的兴趣。兴趣是人们从事某种活动的强大动力之一。一个人对某些未知事物的强烈兴趣，会推动他产生了解它们的强烈愿望，从而形成学习的动机。

（3）创造各种外部条件，满足个体学习的需要和兴趣。这实际上是从动机产生的外在原因——诱因入手，激发学生的学习动机。这些外部条件包括新异的学习环境、浓厚的学习风气以及对学习效果的及时反馈等。这些条件的满足会激发学生的兴趣及学习需要，从而使学生产生较强烈的学习动机。

### 5. 动机强度与学习效率

耶基斯与多德森的研究表明，各种活动都存在动机的最佳水平。他们根据自己的研究结果提出了著名的耶基斯－多德森法则，即动机的最佳水平随学习内容的性质不同而异。在较容易的学习内容中，工作效率随动机的提高而上升；随着学习内容难度的增加，动机的最佳水平呈逐渐下降的趋势。根据这一法则，我们知道，学习活动也需保持一定的动机水平，只有这样才能有最高的学习效率。

在学校里，我们常常会看到这样一种现象：有一些同学急于提高学习成绩，却总是不能如愿，学习成绩总是处于一个令人不满意的水平上。造成这种状况的原因固然有很多，但一个很重要的原因在于，这些同学过于强烈的学习动机反而降低了他们的学习效率，使他们的学习成绩久久不能如愿。所以，学生在注意激发自己学习动机的同时，也应根据耶基斯－多德森法则的要求，适当调整自己的学习动机的水平，使其达到与学习课程相适宜的最佳水平，以利于最大限度地推动自己的学习。

### 6. 如何制订学习计划

（1）制订学习计划的四要素。制订学习计划应该包括四个方面的要素，分别是目标、时间、任务、方法或措施，也就是要解决好为什么做、做什么、什么时间做、怎么做的问题。

（2）制订学习计划应该注意的问题。学习计划要符合实际情况；目标任务的确定要从实际出发，切实可行；学习内容要具体，尽可能量化；学习任务的安排，主次有别，考虑全面；时间安排要合理，符合生理记忆规律；长计划和短安排相结合，灵活多变；积极寻求他人的指导和帮助，听取别人的意见；计划制订后最重要的是落实到行动上。

### 7. 记忆 10 法

我们的记忆能力需要不断地练习才能提高，在日常生活中主动去记忆一些东西可以使我们的记忆力越来越强。记忆不是死记硬背，而是有方法和规律可以遵循。

（1）朗读背诵记忆法。学习时一遍接一遍地念，直到熟读，也叫诵读法。对诗词、外语单词等高声朗读，记忆效果十分好。但诵读要与背诵想结合，效果会更好。心理学家做过这样的实验：写出 16 个无意义音节，让被试者识记忆 9 分钟，然后马上回忆。被试者中全部时间用于朗读的，当时只能回忆 35％；1/5 时间用于背诵的，能回忆 50％；2/5 时间用于背诵的，能回忆 57％；4/5 时间用于背诵的，能回忆 74％。同样是对这些无意义音节进行识记 9 分钟，4 小时后再回忆，全部时间朗诵的，只能回忆 15％；1/5 时间用于背诵的，能回忆 26％；2/5 时间用于背诵的，能回忆 37％；3/5 时间用于背诵的，能回忆 37％；4/5 时间用于背诵的，能回忆 48％。

(2) 单侧体操记忆法。经常做左半身体操，充分发挥右半脑作用，以增强记忆。心理学实验表明，左、右脑的功能是不同的，大脑右半球相当于一个表象存储系统，主要记忆各种形象材料，如图形、闪光、音乐、震动等信息；大脑左半球相当于一个字词存储系统，主要记忆语言、文字、抽象符号等。这两半球的分工不是绝对的，而是互相联系、互相配合、互相补偿的。右半脑支配左半身，左半脑支配右半身。大部分人爱用右手，因此造成发展不平衡。下面介绍的单侧体操，目的在于加强大脑右半球的作用，以担负部分左半脑的功能。进行单侧体操，强化右半脑的功能，减轻左半脑的负担，把两半球都利用起来，会收到惊人的记忆效果。

第一节，全神贯注地站立。左手紧握，左腕用力，屈臂，慢慢上举，然后逐渐还原。反复练习 8 次。

第二节，仰卧。左腿伸直上抬，将上抬的腿倒向左侧，但不触床。再以相反的顺序还原。反复练习 8 次。

第三节，直立。左臂侧平举，再上举，头静止，然后还原，反复练习 8 次。

第四节，直立，身体向左侧卧，用左手和脚尖支撑，左臂伸直，使身体倾斜，呈笔直侧卧伏。屈左膝起身，慢慢还原。反复练 8 次。

第五节，俯卧，跷起脚尖，用手掌和脚尖支撑身体做俯卧撑 8 次。

上述五节单侧体操每天应坚持练 1～2 次。

(3) 大脑两半球记忆法。我们平时读书常常会有这样的体验：那些附有插图、图表、图文并茂的书报，学习起来记忆就特别深刻。反之，阅读那些没有插图或图表的书报时，等同于只使用词语进行逻辑思维，即使用大脑左半球，而右半球闲着，因而记忆就不如同时使用大脑两半球深刻。这个道理告诉我们，在记忆时要改变只用词语进行逻辑思维的习惯，而按着所学的材料或事物的内容同时进行形象思维。其方法就是像放电影似的在头脑里映现出一幅幅图画，这样就能同时使大脑两半球进行思维，读起书来既轻松愉快，又增强记忆。

(4) 交谈记忆法。与人讨论交谈最近记忆的知识，是最有效的记忆方法。谈话时，交谈知识的内容会使自己显示扎根的记忆和没有自信的记忆，经过交谈变成确实的记忆，会更加牢固地印在脑海里。不论是稍微模糊的记忆，或是很自信正确无误的记忆，都可以讨论。即使阅读相同的材料，由于人的理解能力不尽相同，也许你的同学知道得很清楚；相反，你很清楚的地方，你的同学也许模糊不清。因此，这种交谈能够补充彼此在记忆上的弱点。而且当我们要把知道的事情说出来时，会感觉到当初记忆时缺乏完整的整理，这些不足都可以从交谈中得到弥补。如果没有交谈对象，可以把墙面或其他作为喜欢听你交谈的对象。

(5) 列表记忆法。列表是把材料分别集中起来，放在表中适当的位置上。往往是一张表整理出来了，条理也清楚了，脑子也记住了。列表记忆，运用范围广，类型多种多样，常用的有以下图表。

一览表：即站在统观全局的角度，对识记材料进行鸟瞰，掌握其相互关系以便于全面记忆。

系统表：命名识记材料系统化，便于通盘掌握和整体记忆。

比较表：即对识记材料进行比较和分类，从特征上掌握知识材料。

统计表：即把带有数据的识记材料制成表格。

关系表：即用简单的图式把知识间的关系表示出来，以便于形象记忆。

网络图：即用图示来突出知识各方面的关系。

示意图：即把要记忆的材料图画化，画图时线条要简洁，立意新颖，用彩笔效果更好。

(6)口诀记忆法。周恩来曾编了记忆全国省份四句口诀，文化水平不高的警卫战士很快记住了：两湖两广两河山，三江云贵吉福安，双宁四台天北上，新西黑蒙陕青甘（注：当时还未划分出海南省和重庆市）。第一句说的是湖南、湖北、广东、广西、河南、河北、山东、山西。第二句指的是江苏、浙江、江西、云南、贵州、吉林、福建、安徽。第三句讲的是辽宁、宁夏、四川、台湾、天津、北京、上海。第四句讲的是新疆、西藏、黑龙江、内蒙古、陕西、青海、甘肃。

学习化学必须记住常见元素的化合价，但是零零碎碎很不好记，如果编成口诀，就好记多了："一价氢钠钾银，二价氧镁钙钡锌，铜汞一二，铁二三，碳锡铝在二四寻，硫为负二和四六，负三至五氮磷，卤素负一三五七，三价记住硼铝金。"

(7)分段学习记忆法。分段学习记忆法是指把学习的材料分为段落，记熟了一段后，再去记另一段。分段学习记忆法又可分为三种：纯粹分段学习记忆法、渐进分段记忆法和反复分段学习记忆法。分段背，不急于一下子面对整篇课文，而是先看第一段有几句话，再把几句话分成几个层次，一层层地背，很快便攻下了第一段，接下来的段落也是这样：先看全段几句，再按意义分三层或四层，一层层地背，又很快背了下来，这样分段推进、步步为营，心情越来越好，背得也越来越快。把学习的材料分为几个段落，记熟了一段以后，再去记一段的方法，适用于记忆较长的材料，有时也用于学习那些内容杂而多、意义联系少、机械而零散的材料，如人名、地名、历史、年代、成语单词等。采用分段记忆法的好处是：化整为零，增强记忆的信心；化难为易，在记住一段后会获得成功的喜悦，启动记忆的积极性。

## 四、自我计划管理

### 学习引导

#### 约翰·戈达德的人生计划

美国的约翰·戈达德是著名的挑战者，他的人生计划故事几乎家喻户晓。约翰·戈达德在 15 岁时拟了一个表格，表上列出了他的梦想清单：到尼罗河、亚马孙河和刚果河探险；登上珠穆朗玛峰、乞力马扎罗山和麦特荷恩山；驾驶大象、骆驼、鸵鸟和野马；

探访马可·波罗和亚历山大一世走过的路；主演一部像《人猿泰山》那样的电影；驾驶飞行器起飞降落；读完莎士比亚、柏拉图和亚里士多德的著作；谱一首乐谱；拥有一项发明专利；游览全世界的每一个国家；为非洲的孩子筹集 100 万美元善款；参观月球……

约翰·戈达德为每一项编号，共有 127 个目标。

16 岁那年，约翰·戈达德和父亲到了乔治亚州的奥克费诺基大沼泽和佛罗里达州的埃弗格莱兹去探险，这是他首次完成了表上的一个项目。20 岁时，约翰·戈达德已去加勒比海、爱琴海和红海潜过水。他还成了一名空军飞行员，到欧洲上空执行了 33 次作战任务。很快到了 21 岁，他已经去过 21 个国家。刚满 22 岁时，他在危地马拉的丛林深处发现了一座玛雅古墓。同年，他成为洛杉矶探险者俱乐部最年轻的成员，这时他开始计划最渴求的一次探险，也是他早年制定的第一目标：探索尼罗河。风险不言而喻。在考察尼罗河全程的旅程中，约翰·戈达德和伙伴遭受了河马的攻击，遭遇疟疾，同狂暴沙漠展开搏斗，驶过了许多危险的湍流险滩，还遇到一个携枪歹徒的追击。但是 10 个月之后，这 3 个"尼罗河人"（戈达德们自称）胜利地划出了尼罗河口，进入了碧波荡漾的地中海。

戈达德说："在这次旅途中，我领略了许多东西，关于自身，关于成功的喜悦，关于紧张充实的生活，它给了我去追求另外目标的动力。如果能事先预料所有危险，也许我们根本就不会走出帐篷。但是经过了一天天的努力，我们终于达到了目标，我想那正是接近生活的方法——把尽可能多的活动、知识、爱和友谊一点一滴地填进生活。"

约翰·戈达德按计划逐个地实现自己的目标，59 岁时，他完成了 127 个目标中的 106 个。约翰·戈达德一生中获得了一个探险家所能享有的荣誉，其中包括成为英国皇家地理协会会员和纽约探险家俱乐部成员。

在追求目标的过程中，戈达德本人有 18 次死里逃生的经历。"这些经历使我更深切地热爱生活，欣赏一切可能欣赏的东西。"他说，"人们往往在不知道怎样表达巨大的勇气、力量和坚忍性之前就结束了生活。但我发现，当你清醒知道自己必死无疑的那个时刻，你突然发现一个尚未发掘的力量之源，当你把它释放出来，就好比升华了一次灵魂。"

资料来源：岳川博. 战略人生规划. 南京：凤凰出版社，2009.

**想一想：** 1. 约翰·戈达德的人生计划给你什么样的启示？

2. 有人说做了计划，重在执行。你是怎么认为的？

_____

_____

_____

### 1. 计划的内涵

计划是实现目标的总体方案。个人的计划不仅涉及目标（做什么），也涉及达到目标的路径和方法（怎么做），其内容可以归纳为"5W1H"。

(1) 做什么（What）。即给出符合个人自身需求和价值的不同层次的目标。

(2) 为什么做（Why）。即给出实施计划的具体原因。

（3）何时做（When）。一个切实可行的计划，必须要明确指出各项行动的时间要求，而这种时间安排必须和个人的内外部实际相适应。

（4）在哪里做（Where）。任何计划都离不开空间的约束，计划一方面必须要有实施的方位与地点，另一方面也存在优选实施地点的问题。

（5）谁来做（Who）。任何计划都离不开人的行为，尤其是组织计划必须明确由哪些人、哪些部门或组织来完成规定的任务或指标，当然，还必须要明确参与主题的责任和义务。

（6）怎样做（How）。计划的实施可以有很多种途径和方法，不同的途径和方法所耗费的资源不同，效果自然也不同。因此，选择好合适的方法和手段对保证计划实施的成功是非常重要的。

### 2. 计划管理的方法——PDCAR 法

PDCAR，是 Plan，Do，Check，Action，Record 的首字母。

（1）P——Plan（指计划）。要求在进行工作开展时应该先制订工作计划，这是确保工作顺利进行和高效进行的前提。制订计划的时候应该尽量考虑到可能发生的一切问题，这样在执行的过程中，能够规避风险。它包括以下几方面的要求：制订计划时，应尽力考虑到可能发生的一切问题，并相应地制订应对措施，也就是将风险因素纳入计划中；计划实施完毕后，将整个计划执行的过程回顾一遍，仔细考虑每个细节，确认哪些部分成功了，哪些部分是失败的；记下每一个失败的地方，争取在执行下一个计划时不犯同样的错误；通过这种实践，你的思想会变得深邃、细致、客观和冷静；一定要"实事求是"，要冷静、客观、自主，站在局外人的角度通盘考虑自己的计划。

（2）D——Do（指实施）。要求在进行工作时，坚决按照计划进行相应工作的开展。失败者往往在彷徨中丧失千载难逢的机遇，而成功者则善于抓住机遇、果断行动；失败者往往因为半途而废丢掉大好的前程，而成功者总是在坚持不懈中得到幸运之神的眷顾。因此，对计划的执行来说，最重要的就是要果断行动、坚持不懈。不要轻易改变自己的目标，不要因为困惑和犹豫与一个又一个成功的机会失之交臂。

（3）C——Check（指监测）。要求在计划的执行过程中要进行不断的检测，并记录下所存在的问题。如果在检验中发现了偏差，则需要查缺补漏、及时调整，以免犯更大的、不可挽回的错误；如果在检查中证实了计划的有效性和正确性，就可以加大投入、将计划执行到底。

（4）A——Action（指处理、改进）。要求对在实施过程中存在的问题进行科学的分析，并进行有效及时的改进。在计划执行过程中，遇到失败和挫折是难免的事，必须学会从失败中汲取经验或教训，不被挫折击垮，勇敢地重新开始。重新开始的勇气和决心是每个成功者必备的基本素质，也是通向成功的决定性力量。这一点是极其重要的，所以，我们把"自省"作为指导"执行"的主要态度。

（5）R——Record（指记录）。要求在实施完成后记录工作中遇到的问题，进行有效的总结。认真总结计划执行过程中的经验、得失，并将计划执行的详细情况记录、备案，无论计划的执行是否成功，有关该计划的详细信息总能为自己和他人留下可借鉴的宝贵财富。好的执行者总会在计划执行完毕后，认真总结计划执行过程中的经验、得失，并将计划执行的详细情况记录、备案。无论计划的执行是否成功，有关该计划的详细信息总能为自己和团队中的后来者提供可资借鉴的宝贵财富。

综上，PDCAR 是一种十分有用的执行力管理与修炼的指导工具，它几乎人人可以应用，时时可以应用。该方法对于提高计划管理能力，尤其是计划执行能力具有非常重要的价值。

## 五、自我情绪管理

### 学习引导

#### 拔掉所有的钉子

从前，有个小男孩脾气很坏。一天，他父亲给了他一大包钉子，要求他每发一次脾气都必须用铁锤在他家后院的栅栏上钉一颗钉子。第一天，小男孩共在栅栏上钉了 37 颗钉子。

过了几个星期，由于学会了控制自己的愤怒，小男孩每天在栅栏上钉钉子的数目逐渐减少了。他发现控制自己的坏脾气比往栅栏上钉钉子要容易多了。最后，小男孩变得不爱发脾气了。他把自己的转变告诉了父亲。他父亲又建议说："如果你能坚持一整天不发脾气，就从栅栏上拔下一颗钉子。"经过一段时间，小男孩终于把栅栏上所有的钉子都拔掉了。

父亲拉着他的手来到栅栏边，对小男孩说："儿子，你做得很好。但是，你看一看那些钉子在栅栏上留下的那么多小孔，栅栏再也不会是原来的样子了。当你向别人发过脾气之后，你的言语就像这些钉孔一样，会在人们的心灵中留下疤痕。你这样做就好比用刀子刺向某人的身体，然后再拔出来。"

资料来源：张振玲. 坏脾气与钉子的故事. 公民导刊，2003(2).

**想一想**：小男孩的故事给你什么启示？

_____

_____

_____

_____

#### 1. 情绪与情感

情绪是一种以生理唤起水平、表情和主观感受的变化为特征的心理现象。情感是使人对客观事物是否满足自己的需要而产生的态度体验。情绪、情感是以个体的愿望和需要为中介的。当客观事物或情境符合个体的需要时，个体就会产生积极的、肯定的情感；

否则会带来消极的、否定的情感。如个体为自己的作品获奖感到高兴，为失去亲人而感到痛苦。情绪的表现形式有高兴、生气、痛苦、憎恶、恐惧等。

(1)情绪和情感的区别。情绪主要指感情过程，即个体的需要与情境相互作用的过程，也就是脑神经机制的活动过程。情绪具有较大的情景性、激动性和暂时性，往往随情景的改变和需要的满足而减弱和消失。如高兴时手足舞蹈，愤怒时暴跳如雷。情感指某种体验和感受，常用来描述稳定的，有深刻社会意义的感情，如对祖国热爱，对母亲的感激，对美的欣赏等。

(2)情绪和情感的联系。情绪和情感相互依存，不可分离。稳定的情感是在情绪的基础上形成的，情绪的积累形成了稳定的情感。情感通过情绪得以表达，如对母亲的感激，往往在特殊的时候表现出来。情绪离不开情感，情绪的变化反映情感的深度，在情绪中蕴含着情感。例如，接受喜欢的花很兴奋，就蕴含着对美的欣赏之情。

(3)情绪和情感的功能。第一，适应功能，婴儿早期通过情绪来传递信息，表达自己的需要，获得成人的关心。成人生活中，通过情绪与他人交流，表达自己的生存状况和需要，如愉快表明生存状况良好，痛苦表示处境困难，同时根据对方情绪和情感了解对方的需要，并采取相应措施。

第二，动机功能，情绪、情感是动机的源泉之一，是动机的基本成分。适度的情绪兴奋，可以使身心处于最佳的活动状态，进而推动人们有效完成工作。如适度紧张和焦虑可以成为行为动力，使人积极思考，解决问题。情绪对内驱力有放大信号的作用，成为驱使人们行为的强大动力。如在缺氧环境下，想到自己心脏不好，感到害怕，于是就产生了强大的驱动力量，使自己赶紧脱离现场。第三，组织功能，心理学家提出情绪作为脑内的检测系统，对其他心理活动具有组织作用。积极情绪的协调作用：如中等强度的愉快情绪可以提高认知成绩。消极情绪的破坏作用：如恐惧、痛苦等消极情绪水平越高，认知活动成绩越差。积极情绪使行为开放，容易看到事物美好一面，愿意接纳事物。消极情绪使个体感到悲观、失望，接纳程度下降，攻击性增强。第四，信号功能，情绪和情感在人际间具有传递信息，沟通思想的功能，并通过表情来实现。作为言语交流的重要补充，如语调不同可能表达的信息不同。在一些场合，只能用表情来传递信息。如婴儿只能用表情来表达需要，获得成人关注。

### 2. 情绪分类

(1)原始的基本情绪：快乐、愤怒、悲哀、恐惧。
(2)感觉刺激引发的情绪：疼痛、厌恶、轻快。
(3)与自我评价有关的情绪：成功感—失败感，骄傲—羞耻。
(4)与别人有关的情绪：经过一定时间，表现为爱—恨。
(5)与欣赏有关的情绪：惊奇、敬畏、美感、幽默。
(6)最为持久的情绪：心境。

### 3. 情绪 ABC 理论

美国的心理学家艾利斯提出人情绪的产生是一个被称作 ABC 的过程。A 是指诱发性事件(Activating events);B 是指个体在遇到诱发性事件后产生的信念(Beliefs),即对这一事件的看法、解释和评价;C 是指特定情景下,个体的情绪及行为的后果(Consequence)。

通常观点认为是 A 引起了 C,而艾利斯则认为 A 是引起 C 的间接原因,更直接的原因是 B。也就是说,人们对事物的看法不同,会引起行为和情绪的不同。因此,在受到情绪困扰的时候,我们可以通过调节自己认识的方式来调节情绪,通过改变对事物的看法,来达到调节情绪的作用。

依据 ABC 理论,分析日常生活中的一些具体情况,会发现人的不合理观念常常具有以下三个特征.

(1)绝对化的要求。指人们常常以自己的意愿为出发点,认为某事物必定发生或不发生的想法。它常常表现为将"希望""想要"等绝对化为"必须""应该"或"一定要"等。例如"我必须成功""别人必须对我好"等。这种绝对化的要求之所以不合理,是因为每一客观事物都有其自身的发展规律,不可能依个人的意志为转移。对于某个人来说,他不可能在每一件事上都获成功,他周围的人或事物的表现及发展也不会依他的意愿来改变。因此,当某些事物的发展与其对事物的绝对化要求相悖时,他就会感到难以接受和适应,从而极易陷入情绪困扰之中。

(2)过分概括化。这是一种以偏概全的不合理思维方式的表现,它常常把"有时""某些"过分概括化为"总是""所有"等。这就好像凭一本书的封面来判定它的好坏一样。它具体体现在人们对自己或他人的不合理评价上,典型特征是以某一件或某几件事来评价自身或他人的整体价值。例如,有些人遭受一些失败后,就会认为自己"一无是处、毫无价值",这种片面的自我否定往往导致自暴自弃、自罪自责等不良情绪。而这种评价一旦指向他人,就会一味地指责别人,产生怨恨、敌意等消极情绪。我们应该认识到,"金无足赤,人无完人",每个人都有犯错误的可能性。

(3)糟糕至极。这种观念认为如果一件不好的事情发生,那将是非常可怕和糟糕的。例如,"我没考上大学,一切都完了""我没当上经理,不会有前途了"。这种想法是非理性的,因为对任何一件事情来说,都会有比之更坏的情况发生,所以没有一件事情可被定义为糟糕至极。但如果一个人坚持这种"糟糕"观时,那么当他遇到他所谓的百分之百糟糕理论内容的事时,他就会陷入不良的情绪体验之中,从此一蹶不振。

因此,在日常生活和工作中,当遭遇各种失败和挫折,要想避免情绪失调,就应多检查一下自己的大脑,看是否存在一些"绝对化要求""过分概括化"和"糟糕至极"等不合理想法,如有,就要有意识地用合理观念取而代之。

**4. 情绪调节的方法**

(1)学会宣泄。学会宣泄,是指通过适当的方式与途径将不良情绪宣泄出来。一般来说,主要有以下几种。

第一,哭。哭是人类的一种本能,是人的不愉快情绪的直接外在流露。哭,可以让不良情绪随着眼泪释放出来,对消极情绪起到缓解作用。

第二，喊。当有不满情绪积压在心中时，可以到空旷的地方去大喊几声，也可以唱唱歌，吼几声，发泄心中的一股"气"。

第三，诉。当不愉快时，不要自己生闷气，要学会倾诉。朋友聚一聚，把自己积郁的消极情绪倾诉出来，以得到朋友的同情、开导和安慰。不过要指出的是倾诉的对象不仅仅是朋友，还可以是亲人、老师、同学等。正如著名哲学家培根说过，"如果你把快乐告诉一个朋友，你将得到两个快乐；如果你把忧愁向一个朋友倾诉，你将被分掉一半忧愁。"

第四，动。打打球、散散步，跑两圈，对着沙袋或墙壁痛击一阵，也可以参加一些重体力劳动，这样一来就可以把心理上的负荷变为体力上的能力释放出去，气也就顺些了。

现实生活中宣泄的方法很多，人与人因个体差异和所处环境、条件各异，采用宣泄的方式也会不同。

(2)学会转移。所谓学会转移，就是说为了控制住不良情绪，可以有意识地转移注意力，把注意力从引起不良情绪反应的情境转移到其他事物或活动上去。比如，到田野里走一走，散散步，呼吸一下新鲜空气，放松一下心情；做一些自己平时非常感兴趣的事，如摆弄摆弄花草树木，拿出笔纸写写画画，到河边钓鱼，听音乐，和朋友一起打球、游泳，也可以读小说，看书报杂志等。总之，一旦不良情绪来了，就要学会有意识地把这些不良情绪转移开，这样紧绷的神经就可以松弛一下，不良情绪常常可以得到减轻或排解。

(3)学会控制。所谓学会控制，就是在陷入不良情绪时，要主动调动理智这道"闸门"的力量，控制不良情绪。当你将要发怒的时候，可以这样来暗示自己："别做蠢事，发怒是无能的表现。发怒既伤自己，又伤别人，还于事无补。"又如，当在学习中感到急躁厌烦时，可以自言自语："不要急躁厌烦，急躁厌烦无济于事，只会有害无益，只有刻苦用功，坚持不懈，才能取得成功。"这样你就会有可能心平气和，安静下来。

(4)学会改变。所谓学会改变，就是指改变对引起不良情绪的事物的看法，以改变我们的不良情绪。不良情绪的产生，通常是由于我们只注意到事物的负面或暂时困难的一面。如果换个角度，把注意力集中到事物的正面或光明的一面，我们就会看到解决问题的希望，从而乐观、自信起来。比如，某同学在一次期中考试时，把本属自己强项的数学考砸了，回到家还挨了父母的批评。按正常情况，该同学应情绪低落，"为什么自己的强项考砸了呢?"可该同学却是这样做的，先将试卷认真分析了一下，发现自己没有考好的原因主要在于粗心，同时也发现自己在答题时逻辑思维缜密。然后该同学在此基础上得出，"原来我还是很棒的。只要改掉粗心习惯，我一定会更优秀的。"这位同学的做法就是"改变"。

(5)学会自我疏导。人在遇到不良情绪的时候，如果不能自我调节，就会丧失继续前进的勇气。如果善于自我排解、自我疏导，就能将不良情绪转化为积极情绪。

第一，要有难得糊涂的精神。在一些非原则性的问题上"糊涂"一下，无疑能避免不必要的精神痛楚和心理困惑。

第二，要有健忘的能力。对痛苦的不快的记忆和积累是一种穿肠的毒药，对于这些麻烦事的忘记，也是避免情绪波动最直接有效的方法。

第三，要有提高自我评价的意识。一些不良情绪的出现，常常是因为不能正确评价自己造成的。既不要把自己估计过高，也不要估计过低；既不要因为自己有某些长处而骄傲自满，又不要因为自己的某些缺点短处而自卑自责。正确地看待自己的能力和水平，会减少烦恼，保持乐观奋发向上的心态。

**5.** 情绪放松训练操

情绪放松训练操是一种从外到内，从生理到心理的全方位放松的方法，本方法一共分为如下 3 个主要步骤。

(1)肌肉放松训练。使身体的每一处肌肉都处于收紧和松弛两种状态，体会肌肉的紧张感和轻松感，将心理的紧张或焦虑集中在生理状态的改变上。在练习时，只需要以最舒服的姿势坐着或躺着，在安静的环境下，很自然地感受身体放松和紧绷的感觉。如放松的顺序是手臂部、头部、躯干部、腿部，反复练习 3 遍。

手臂部肌肉放松：握紧拳头—放松；伸展五指—放松；收紧二头肌—放松；收紧三头肌—放松；耸肩向后—放松；提肩向前—放松；保持肩膀平直转头向右—放松；保持肩膀平直转头向左—放松；屈颈使下颚触到胸部—放松。

头部肌肉放松：尽力张大嘴巴—放松；闭口咬紧牙关—放松；尽可能伸长舌头—放松；尽可能卷起舌头—放松；舌头用力抵住上颚—放松；舌头用力抵住下颚—放松；用力张大眼睛—放松；紧闭双眼—放松。

躯干部肌肉放松：尽可能深吸一口气—放松；肩胛抵住椅子，躬背—放松；收紧臀部肌肉—放松，臀部肌肉用力抵住椅子—放松。

腿部肌肉放松：伸腿并抬高 15～20 厘米—放松；尽可能收腹—放松；绷紧并挺腹—放松；伸直双腿，脚趾上跷—放松；屈脚趾—放松；跷脚趾—放松。

(2)呼吸放松。在做过肌肉渐进放松以后进行呼吸放松，调节全身的气息，让自己平静下来，去体会轻松愉快的心境，体会全身上下都很放松的感受。先是平静的呼吸，调整气息，到达均匀呼吸状态；慢慢地吸气，然后慢慢地把气呼出来，就像深呼吸一样，体会全身的紧张与松弛，让自己有一种缓下气来的感觉，也就不再那么紧张了。调整呼吸，平静、有节奏地吸气和呼气。

(3)想象放松法。它来源于催眠疗法的启示，也就是通过暗示的办法使个体放松的目的。在做过前两种放松以后，个体已经差不多平静下来，如果加上自己的想象、暗示等，就会感到更加舒适、轻松。

第一，先想象自己在一个很美丽、很舒适的环境里面，如海面上、草坪上，周围是山、水、到处充满绿色等，只要自己觉得舒适即可。

第二，让自己体会"我很舒服""我很自在""我很安全"等感觉。例如：我仰卧在水清沙白的海滩上，沙子细而柔软。我感到很舒服，能感到阳光的温暖，耳边听到大自然的声音。微风轻轻吹来，划过我的脸，我感到无比的清凉与惬意，我的思绪随着潮水慢慢地游荡、游荡……阳光照在我的身上，我感到温暖，我的头也暖暖的、沉沉的，随着阳光，我的思绪飘向远方……暖流在我身体的每个角落流淌，从头到脚、从左到右，我感到自己已经飞了起来，越飞越高，越飞越远……在想象放松的过程中，个体就全然进入自己的个人世界，注意也集中在自己设计的美好和温暖中，不再紧张、不再害怕，一切都是那么平静和惬意。

## 第二节　交流沟通能力

### 一、敞开心扉

📖 **学习引导**

#### 雕塑的优点和缺点

有一只袋鼠是动物世界里的著名雕塑家，它想，自己的雕塑技巧虽然很高，但是，肯定不够完美，不足的地方会有许多，有必要征求一下大家的意见，以便进一步提高自己的雕塑技巧。

于是，袋鼠将自己认为做得不错的一尊雕塑放在了路旁，并在雕塑旁立了一个牌子，在牌子旁边准备了一支画笔。它在牌子上面写着：谁发现这尊雕塑有缺点，请在有缺点的地方涂上黑色。

一群猴子走了过来，它们发现了雕塑和牌子。大家都说雕塑作品很成功，但是，还是有一些不足之处。于是，每只猴子都在雕塑上涂了一笔。当最后一只猴子涂完后，袋鼠惊异地发现，这尊雕塑已经全部变成了黑色。

袋鼠很无奈，心想，难道整个雕塑没有一点可取之处？

袋鼠决定换一种方式。它将雕塑洗净，在牌子上写上：请在雕塑有优点的地方涂上白色。

恰好那群猴子又来了，它们又认真地观察了雕塑一番，并按要求涂了一遍。结果，整个雕塑又变成了白色。

除了猴子，还有斑马、兔子、角马、野驴、企鹅等动物经过这里，它们也按牌子上写的要求涂抹雕塑，结果是一样的——如果让涂缺点，不一会儿，整个雕塑全被涂成了"缺点"；如果让涂优点，不一会儿，整个雕塑就全被涂成了"优点"。

袋鼠只能无奈地放弃了这个计划。

**想一想**：这则寓言告诉我们什么道理？

_____

_____

_____

_____

## （一）和陌生人交往的原则

### 1. 不要太在意别人对你的看法

有些人很在意别人对自己的看法，总是很容易接受别人的暗示。其实人的眼光各异，认识的结果不尽相同。让所有的人认可一个人或一件事情都是不可能的。我们自身的价值不取决于他人对我们的喜好，他人的评价、感受只是他人根据自身经历产生的情感体验。

所以，即使是再亲密的夫妻或朋友之间也会有矛盾，初次见面的两个人更是如此。为对方做到周到的礼节是必需和应该的，但也不要奢求百分之百地被人接受和喜欢，就像前面寓言中的袋鼠一样，如果你偏要想得到所有人的认可，结果往往是可悲的。别人对你的评价是别人的事情，你只要把你的品格和能力全部调动起来，尽量表达自己的诚意就可以了，把自己性格真实的一面展示给对方，就是一次成功的交际。

### 2. 要自信，不要自卑

一个农夫有两个水罐，一个完好无损，一个有一条裂缝。农夫每次挑水，好的水罐总能把水从远远的小溪运回主人家，而有一条裂缝的水罐只能运回半罐水。因而有裂缝的水罐很自卑。一天，它对主人说："我为每天只能运半罐水而惭愧。"农夫惊讶地说："难道你没有看见每次回家的路旁那些盛开的鲜花吗？这些花只生长在你那一边，而没有生长在另一只水罐那边。我早知道你的裂缝，就利用它，在你那一边撒下花种，于是我们每天从小溪回来，你就浇灌它们，现在这些鲜花已经给我们一路带来了许多风景。"有裂缝的水罐纵使不能运回整罐水，但却浇灌了一路的花，因而即使我们有不足之处，也不必自卑。

自信是一个人感受自己的方式，是发自内心的自我肯定和自我接受。如果我们不能真正地认识自己，不能接受自己，就很容易被外界的人和环境左右，就会根据别人对自己的反应来揣度自身的价值，对自己的价值没有一个客观的认识。人的自我感觉在很大程度上影响别人对他的看法。自信是人际交往的第一秘诀，因而要接受自己，肯定自己存在的价值，不被别人的评价左右。自信才会有成功的交流，才会给别人留下好的印象，才会有更多人愿意和我们交往。

### 3. 要信任，不猜疑

很多时候，我们不考虑别人的实际情况，随意推测别人，其实他人未必如同我们想象的那样。例如，有时我们觉得对方不够热情，就认为对方可能对自己有意见。其实对方可能是由于他自身的原因而心情不好，比如身体不舒服，或者遇到了不愉快的事，并不是对你有什么意见。

我们很难了解其他人的世界里发生了什么事情影响了他的心情和状态，所以我们对别人的表现不要过于敏感，胡乱猜疑，患得患失。

### 4. 要常态，不造作

和陌生人讲话无需刻意讲究，只要按照平时自然地去说就行了。我们每个人说话都有自己的特点，因而怎样才算说话自然随和，并没有一个统一的标准，我们也不可能从正面去定义解释。不刻意伪饰，不刻意模仿，保持常态，这就是内向者和陌生人交谈时最重要的一个原则。如果你觉得在陌生人面前即使要保持常态和自然随意地讲话也是一件很困难的事，那么可以试试以下技巧。

(1)调整自己的呼吸。如果你觉得紧张，可以在说话前有规律地深呼吸几次，调整一下心情，等呼吸稳定以后，再开口说话，声音就不会发颤了。同时深呼吸也可以帮助你摄入足够的氧气，使你头脑清醒，保持思维的敏捷。

(2)精神集中，心无旁骛。说话的时候不要走神，让大脑高速运转起来，佳词妙句就会源源不断自动喷涌。倾听的时候更要专注，努力捕捉对方的眼神表情，积极做出回应，如微笑、点头等。这不仅让对方觉得受到重视，而且也会让自己的紧张情绪烟消云散，全身心投入兴致盎然的会话中去。

(3)不要雕琢词句。和陌生人交谈，并不需要故作高雅，这不代表口无遮拦，怎么想就怎么说。在说话的内容上，我们需要斟酌；在说话的方式上，我们可以顺其自然。一些高雅的词汇，也许可以为你的话语增色，但是如果因此耗费了大量的心理能量以至于无法集中思考说话的内容，却可能会得不偿失。

(4)不要过分客气，使用太多的敬语。在初次见面的自我介绍中，可以使用一些敬语，一旦谈话深入下去，"谢谢""请""您"这些词就不必总挂在嘴边了，否则就会显得很见外，双方的关系很难进一步发展起来。礼貌是必需的，但太礼貌比不礼貌更容易让人不自在。

(5)不要故作幽默，要看场合和氛围。"幽默"是人际交往中的润滑剂，可以缓和紧张的气氛。可"幽默"是一种很高级的交际技巧，需要灵活的思维、有趣的内容再加上语气、语调、手势、身姿等的密切配合才能达到良好的效果。对于害怕和陌生人交际的人来说，远不具有这些交际能力，所以千万不要故作幽默，以免弄巧成拙。

### 5. 多谈对方感兴趣的事情

尽快找到你与对方的相同之处是与对方交流的关键，就像某些商务谈判专家一样，他们总是能够在三分钟之内看出对方喜欢聊什么，然后跟对方侃侃而谈，最终达到谈判目的。心理学家指出，人们更喜欢和与自己相似的人在一起，并产生惺惺相惜之情，因为相似的人有共同语言，争辩机会少，内心也容易获得一种稳定感、认同感。由于有共同的价值观念、兴趣爱好、生活或者工作经历等，就容易产生思想共鸣，促进双方关系发展。

我们要从与对方共同的经历、地位、兴趣爱好、愿望、理想、信仰等方面切入，寻找与对方的共同语言，着力渲染共同体验，激起内心强烈共鸣与认同。

(1)用心观察。一个人的言谈举止、表情、外在服饰、发型等往往能够折射一个人的精神面貌、心理状态、兴趣爱好、生活品位等。

（2）交谈试探。可以尝试询问对方的工作、居住地等获取信息；也可以通过口音、对方的言辞等来寻找共同之处。

（3）仔细听介绍。有人向你介绍他人时，或者他人作自我介绍时，要细心听，仔细分析，从中找出自己与对方的共同点，再交流。

（4）敏锐捕捉，层层推进。与人交谈时，对别人释放的信息要有敏锐的觉察力，精确地理解，巧妙地传递，步步深入，激发高层次的心理共鸣。

有时彼此之间的不同点也可以作为交流和深入的话题，因为他所不擅长的并不一定是他所不喜欢的或他不感兴趣的。讲一些你的独特经历、独特嗜好也许能成为你们交流的另一个切入点。

学习这些交际方法，不能仅仅停留在"知"的层次，最重要的在于"行"。要把这些方法融进你的生活，切实运用这些方法。只要能够这样，就能大大提高你的交际本领，大大改善你的人际关系。

## （二）首因效应

人际交往中给对方留下的第一印象通常很难改变。即使以后我们的实际表现并不符合给人留下的第一印象，但很长一段时间里，人们仍会坚持对你的第一印象。心理学上，第一印象在人际交往中产生的这种先入为主的效应称为首因效应。

当我们进入新的环境，遇到陌生人时要特别注意给别人留下的第一印象，第一印象的首因效应将影响你与陌生人交流的成败。如何把握首因效应，给陌生人留下好的第一印象呢？首先，管理好自己的表情、姿势、谈吐、衣着打扮等外部特征。

### 1. 衣着仪表要得体

衣着打扮是构成第一印象的决定因素，人们往往依靠服装打扮在第一时间就能了解彼此的差异，判断是否为同类人，甚至能洞察出一个人的个性。衣着需要简单，大方。但有时我们可以按照对方的品位打扮自己，因为对方发现你们品位相同就容易产生好感。

### 2. 微笑

微笑代表接纳、友善，能够缩短人与人之间的心理距离，营造良好的人际交往氛围。真诚的微笑能够消除对方的戒备心理，赢得对方好感，向你敞开心扉。

### 3. 姿势要适宜

与人交往时，要以轻松的姿势，正面面向对方，保持一种接纳别人的姿势。双手交叉抱于胸前或者握于身后，都给人一种不好接近的感觉。

### 4. 谈吐要优雅

与人交往时自己的谈吐要优雅有礼，不要给人留下没有修养、粗俗、无礼的印象。

初次交谈要让对方感觉自己被重视，感觉和你交流很舒服。要记住对方的姓名；让对方感觉自己重要；赞同、欣赏对方；选择对方喜欢的话题；表达自己的真诚等。

## （三）与陌生人建立关系

（1）不要说得太多，想办法让别人多说。

（2）对于话题的内容应有专门的知识。当你和对方谈到某一件事时，你必须对此确有所认识，否则说起来便缺乏吸引力，不能让对方产生兴趣。

（3）充分明白人与人之间关系的真理。有许多事即使做法不同，但道理是永不能改变的，这种"永不能改变"的道理，自己要常常放在心里。

（4）能够利用语气来表达你自己的愿望，不要使人捉摸不定。有些人以为态度模棱两可是一种技巧，其实是相当拙劣的。真正懂得运用应酬技巧的人，都会让自己的立场迅速公开。

（5）常常保持中立，保持客观。按照经验，一个态度中立的人，常常可以争取更多的朋友。

（6）衡量事物要有多种价值的尺度，不要只是坚持某一种看法。

（7）一个人如果不能保守秘密，会发生很多过失。

（8）对人亲切、关心，竭力去了解别人的背景和动机。

多想想与人交朋友的乐趣，以热情的态度和陌生人交谈，这就跨出了第一步，有第一步才会有后面的无数步。相信自己并且要付诸行动，事先在脑海里演练一下更有利于你的发挥。每个人都是独一无二的，每个人都有自己的阅历，所以跟陌生人交谈是有收获的。

## 二、学会倾听

### 学习引导

#### 越战归来的士兵

一个越战归来的士兵从旧金山打电话给他的父母，告诉他们："爸、妈，我就要回来了，可是我有个不情之请。我想带一个朋友跟我一起回家。"

"当然好啊！"他们回答，"我们会很高兴见到他的。"

儿子又继续说下去："可是有件事我想先告诉你们，他在越战中受了重伤，少了一条胳膊和一条腿，他现在走投无路，我想请他回来和我们一起生活。"

"儿子，我很遗憾，不过或许我们可以帮他找个安身之处。"母亲又接着说："儿子，你不知道自己在说些什么，像他这样残障的人会对我们的生活造成很大的负担，我们还有自己的生活要过，我建议你先回家然后忘了他，他会找到自己的一片天空的。"

"可是妈妈……"儿子还想再说些什么。

"你不用说了。我明白你的意思，你自己回来吧，他会找到活路的。"

就在此时，他挂上了电话，他的父母再也没有他的消息了。

几天后，这对父母接到了来自旧金山警局的电话，告知他们亲爱的儿子已经坠楼身亡了。警方相信这只是单纯的自杀案件。他们伤心欲绝地飞往旧金山，并在警方带领下到停尸间去辨认儿子的遗体。那的确是他们的儿子，但令人惊讶的是，他们的儿子居然只有一条胳膊和一条腿。

资料来源：武洪明，许湘岳. 职业沟通教程. 北京：人民出版社，2011.

**想一想**：儿子的悲剧是由谁造成的？为什么？

_____

_____

_____

_____

## （一）倾听的意义

### 1. 倾听是信息的重要来源

美国《幸福》杂志对500家公司进行的一项调查发现：59％的被调查者回答他们对员工进行了倾听方面的培训。研究表明，多数公司的员工60％的时间花在倾听上，而经理们平均把57％的时间花在倾听上。

缺乏经验的人可以通过倾听来弥补自己的不足，富有经验的人通过倾听可以使工作更加出色，善于倾听各方的意见有利于做出正确的抉择。

日本经营之神——松下幸之助，是一位善于倾听的人，一次他在市场闲逛，听到几位妇女议论说："现在家里电器多了，家用电器的电源插头要是能同时插上几种电器，就方便多了。"说者无意，听者有心，松下幸之助回去研制，很快生产出三通电源插头。

### 2. 倾听有利于获得友谊和信任

真正的沟通高手不是因为自己有雄辩的口才，而是因为具有聆听他人谈话的耐心和技巧。在与人交谈的时候，认真倾听，对对方的话题表示出浓厚的兴趣，实际上是对对方最大的尊重。

### 3. 倾听也是推销的重要手段

在与人沟通时，对方如果突然沉默，你千万不要以为自己有义务去说些什么。相反，你要给顾客足够的时间去思考和做决定。千万不要自作主张，打断他们的思路。

在销售时，有的推销员脑子里会有这样一种错误的想法，他们以为沉默意味着缺陷。可是，恰当的长时间的沉默不但是允许的，而且也是受顾客欢迎的。因为这可以给他们一种放松的感觉，不至于因为有人催促而做出草率的决定。

## （二）倾听的障碍

想真正做到有效倾听，就要先了解哪些因素会干扰倾听，进而找出解决办法。

### 1. 主观障碍

沟通效率低下的最大原因在于倾听者本人。研究表明，信息的失真主要是在理解和传播阶段，归根结底在于倾听者的主观因素。

（1）倾听者过于自我。人们总认为自己是对的，在倾听过程中，往往过于注意自己的观点，喜欢听与自己观点一致的意见，对不同的意见往往置若罔闻，错过了聆听他人观点的机会。

（2）倾听者已有的偏见。先入为主具有巨大的影响力，如果你臆断某人愚蠢无能，你就不会对他说的话给予关注。

（3）倾听者急于表达自己。很多人认为只有说话才是表达自己、说服对方的唯一有效的方法，在这种思维习惯下，人们容易在他人未说完的时候，就迫不及待地打断对方。

（4）倾听者急于结束。如果注意力不集中，那么你只会把一部分注意力放在倾听上；如果你觉得对方的话无聊或让你感到不自在，可能会改变话题或者讲笑话，中止对方的谈话思路。这种情况具体表现为：随意打断对方讲话，以便讲自己的故事或提出意见；没有和对方进行目光交流；任意中止对方的思路，或者问了太多的细节问题；催促对方，同时接打电话、写字、发电子邮件等。

### 2. 客观障碍

常见客观障碍如下表所示。

| 环境类型 | 封闭性 | 主要障碍源 |
| --- | --- | --- |
| 办公室 | 封闭 | 心理负担、紧张、电话打扰 |
| 会议室 | 一般 | 对在场的人顾忌、时间限制 |
| 现场 | 开放 | 外界干扰、事前准备不足 |
| 谈判 | 封闭 | 对抗心理、想说服对方 |
| 讨论会 | 封闭 | 缺乏洞察力 |
| 非正式场合 | 开放 | 外界干扰、易走题 |

## （三）有效倾听的层次

### 1. 排除干扰

干扰有三种：一是环境干扰，这不仅仅指声音方面的干扰，还包括如浓烈的香水味、过高的室内温度、夸张的服饰等方面；二是认知干扰，人们说话时总是根据自己的习惯来表达，或是认为自己比别人强，这就会影响听的能力；三是情绪干扰，大多数人在非常情绪化的时候无法做到主动倾听，激动的情绪会干扰主动倾听。

在倾听时，要排除干扰，做深呼吸，稳定情绪，不仅要听到对方所说内容，还要听清楚对方所讲的中心思想，关注内容，捕捉要点。

### 2. 身体与言语参与

赞许地点头，关注的目光，对谈话感兴趣的表情等都是有效倾听的表现。

"对、是这样、有道理""你刚才说的是……""你的意思是……""后来怎么样?"都是积极回应的表现。

### 3. 思想与情感参与(同理心倾听)

何为同理心倾听? 站在当事人的角度和位置上，客观地理解当事人的内心感受、内心世界，并且把这种理解传达给当事人，进而做到相互理解、关怀和情感上的融洽。同理心倾听是最高层次，出发点是为了"了解"而非为了"反应"，也就是通过交流去了解别人的观念、感受。

因而倾听时要集中注意力。不仅要听，还要全神贯注地观察；善于归纳讲话者的语言及情感内容；理解而不是评价，认真思考但不是想着去挑毛病、思考对策和考虑如何说服对方。

同理心倾听要做到下列"五到"：耳到(耳朵听进去)；口到(声调)；手到(用身体表达)；眼到(观察身体语言)；心到(用心体会)。

同理心倾听有两大步骤。首先，站在对方的立场上去了解他的感觉和内心世界。同理心倾听要求倾听者能够抛却自己的立场、思想、认识、情绪，让自己完全置身于对方的角度，融入对方的内心世界，用对方的眼睛看问题，用对方的心去体验。只有站在对方的立场上，我们才能准确理解对方的感受。其次，要把对对方的了解表达出来，反馈给对方，让对方知道你对他的感觉、想法和行为有所了解和领悟。要把对对方的了解准确地表达出来，就需要通过正确地解读对方传达的信息来把握对方内心的真实感受。我们可以通过反馈自己的理解求证自己解读的正误。比如：

何时运用同理心倾听呢? 当与对方的沟通充满了情绪时；对方只是想找个人听他说话时；人际关系紧张或者信任度较低时；不确定是否了解情况时；不肯定对方是否确信我们理解与否时。同理心倾听要让对方得到情绪的宣泄，开放自己，进一步澄清自己内心的真实感受，自己找寻解决问题的方案。

## (四)倾听禁忌

### 1. 高高在上

无论和谁进行交流，都不能表现出高高在上的姿态，会让人产生很强的距离感，严重影响沟通效果。

### 2. 自以为是

自己已经有了一定的想法和见解，这时候就很容易关上自己的心门，不愿意甚至拒绝接受别人的意见。如果能以宽阔的胸怀、谦虚的态度对待他人的建议，肯定会有意想不到的收获。

### 3. 先入为主

先入为主是偏见思维模式造成的。沟通的一方如果对另一方有成见，顺利沟通就无法实现。比如你对一个人产生了怀疑，即使他有一个很不错的想法你可能也不会接受。

## 三、真诚赞美

### 学习引导

#### 猎人的故事

有甲、乙两个猎人，各猎得两只兔子回来，甲的妻子看见冷漠地说："你一天只打到两只小野兔吗？真没用！"甲猎人不太高兴，心里埋怨起来，你以为很容易打到吗？第二天他故意空手而回，让妻子知道打猎是件不容易的事情。乙猎人遇到的则恰恰相反，他的妻子看到他带回了两只兔子，欢天喜地，"你一天打了两只野兔吗？真了不起！"乙猎人听了满心喜悦，心想两只算什么，结果第二天他打了四只野兔回来。

资料来源：张现杰．口才造就一生．延吉：延边大学出版社，2011.

**想一想**：为什么乙猎人第二天能打到四只兔子？

_____

_____

_____

## （一）为什么要赞美

一个人具有某些长处或取得了某些成就，他还需要得到社会的承认。如果你能以真挚的敬意和真心实意的赞扬满足一个人的自我，那么他可能会变得更通情达理、乐于协作。

### 1. 赞美能带给人自信

欣赏和赞美可以让你获得真挚的友谊和良好的人际关系，帮助你事业成功。当我们赞美别人时，也给予了对方最珍贵的礼物——自信。

### 2. 赞美使对方快乐，也使自己获得满足

恰当地赞美别人会给人舒适感，同时也能改善你的人际关系。为他人增加快乐，你也因此更快乐。

### 3. 赞美能使他人满足自我的需求

赞美是对他人尊敬的一种表现，能满足他人的自我需求。心理学家马斯洛将需要划分为 5 个层次，荣誉和成就感（自我实现）是人最高层次的需求。人类本质中最殷切的需求就是渴望被肯定，使人将自身能力发挥至极限的最好方法就是赞扬和鼓励。

马斯洛需要层次理论图

## （二）赞美的原则

### 1. 真实诚恳

赞美必须真诚，真心诚意是人际交往中最重要的原则。

英国著名的社会关系专家卡斯利告诫人们："大多数人选择朋友都是以对方是否真诚而决定的。如果你与人交际不是真心诚意，那么要与他人建立良好的人际关系是不可能的。"赞美也是如此。如果你的赞美不是出于真心，对方就不会接受你的赞美，甚至会怀疑你居心叵测。因此，如果你毫无根据地赞美一个人，不仅使人感到费解，还会令人感到莫名其妙，因而会处处防范。

为避免误会，赞美他人时必须确认你所赞美的人"确有其事"，并且要有充分的理由。比如你所熟悉的一位美貌女士，你可以对她说"你真美"，她可能因此会感激你；可是，如果你对一位其貌不扬的女士说"你真美"，很可能会引起对方反感。同样地，如果你赞美你所熟识的女性，对方一般都会很愉快地接受，而如果你用同样的方式去赞美一位陌生女士，对方就会怀疑你心术不正，因为你与对方素不相识，对方觉得你没有理由去赞美她。

赞美必须是诚心的，对对方的优点或长处，你必须发自内心地佩服，而不能虚与委蛇，虚情假意。如果这样，对方不会认为你在赞美，反而会觉得你在嘲笑或嫉妒。

### 2. 具体明确

赞美越具体明确，效果就越好。

赞美他人要恰如其分，要避免空泛、含混、夸大。赞扬别人，哪怕是一个很小的优点或长处，只要能够恰如其分地赞美，就能收到很好的效果。

事实证明，空泛、含混的赞美，常常使人不能接受，甚至怀疑你的判断力、鉴赏力，原因就是你的赞美缺乏明确的标志。

比如赞美一位证券经纪人有买卖证券的能力，他可能认为你是在奉承他或另有所图，因为这种能力是显而易见的。可是，如果你称赞他的烹饪能力，他就可能会颇有兴致地与你展开交流。能够恰如其分地赞美对方一些并不突出的优点，一般都会取得意想不到的效果，对方也完全有可能会对你的赞美感到兴奋不已。

### 3. 自然得体

自然地赞美应该是出于内心、不带功利的。即使你是在精心策划一次赞美，也要让对方觉得你是自然得体的。

"无意"的赞美让人觉得"无意"，并非一定"偶然"。善于交际的人，就是善于把有意的东西表演成"无意"。做到这样并不难，可是必须善于琢磨，细心设计。

### 4. 频率适度

赞美的频率必须适度。资料表明，在一定时间内，一个人赞美他人的次数，尤其是赞美同一个人的次数越多，其效果就越差。任何人都需要适当的赞美，但如果你太频繁地赞美别人，别人对你的赞美就觉得无所谓了。因此，不要轻易赞美，不要使赞美变得太廉价。

美国心理学家研究表明：人们总是喜欢那些对自己赞美逐渐增加的人，将自始至终都赞美自己的人与由最初贬低自己逐渐发展到赞美自己的人相比，人们对后者更为喜欢。前者容易让人觉得他是一个"和事佬"，而对后者所产生的印象往往是：对方之所以赞美我，一定是经过考虑、分析的，一定有他的道理。

### 5. 因人而异

人的素质有高低之分，年龄有长幼之别，也有男女之异。因人而异、突出个性的赞美比一般的赞美能收到更好的效果。老年人总希望别人不忘记他以前的业绩与雄风，同其交谈时，可多称赞他引以为豪的过去；对年轻人不妨赞扬他的创造才能和开拓精神，并举出几点实例证明他的确能够前程似锦；对于经商的人，可称赞他头脑灵活、生财有道等。

最后，当你赞同别人时，一定要说出来，要让他们明确知道你在赞赏和认可他们。不妨试着这样做：点头说"是的"，或者注视对方的眼睛说"我同意你的说法"或"你说得对，我完全赞同""我也认为你的看法很好"，等等。

### (三)赞美的技巧

**1. 寻找赞美点**

赞美的前提是寻找赞美点，只有找到对方的闪光点，才能使赞美显得真诚而不虚伪。每个人身上有很多闪光点，我们要有一双善于发现的眼睛。

(1)外在的、具体的闪光点。例如，穿着打扮(服装、领带、手表、眼镜、鞋子等)、发型、身材、皮肤等，这一部分可以称为"硬件"。

(2)内在的、抽象的闪光点。例如，品格、作风、气质、学历、经验、气量、心胸、兴趣爱好、特长、处理问题的能力等，这一部分可以称为"软件"。

(3)间接的、关联的闪光点。例如朋友、职业、养的宠物、亲戚关系等，这一部分可以称为"附件"。

综上所述，一个人身上的赞美点很多，通常赞美软件要比硬件效果好，而赞美附件效果更好。

**2. 间接赞美法**

(1)背后赞美别人效果更好。一般来说，背后的赞美都能传达到本人，这除了能起到赞美的激励作用外，更能让被赞美者感到你对他的赞美是诚挚的，因而更能加强赞美的效果。

(2)运用第三者赞美对方更容易接受。第三者赞美是间接赞美，起到"润物细无声"的效果。例如，"听某某人讲，你是个顶尖销售高手""听你老板讲，你去年表现很棒""听你们同事讲，你们去年又加薪又去旅游""前两天我和某某谈起你，他对你赞不绝口"等。

(3)赞美事实而不是人。例如，"李明，你的书法真的很好"要比"李明，你真棒"让人容易接受；而"王昊，你昨天在大礼堂的演讲非常精彩"比"我实在找不出一位比你更好的演讲者了"更让他觉得自豪。

**3. 先抑后扬法**

赞美别人之前，不妨先指出对方一个小小的不足，然后再对其他方面进行赞美，因为人通常会谨记别人说的最后一句话。当然批评对方的时候要留有余地，否则之后任凭怎样称赞也于事无补的。

**5. 希望赞美法**

领导对下属常常运用这种方法。如果你希望对方很有耐心，就赞美对方是个有耐心的人，对方也真的变得很有耐心了。

另外，赞美还有一些其他具体的方法，如"逢物加价，遇人减岁"，这是交际赞美的要领；"生人看特征，熟人看变化"，第一次见面我们要寻找对方显著的特征，第二次见面就要寻找他身上发生的变化等。

### (四)培养赞美他人的习惯

#### 1. 模拟想象

想象自己在现实生活中赞美他人，在想象中排演赞美词，同时想象赞美获得成功时的喜悦。

#### 2. 文字演练

先用文字的形式写出赞美的方式、内容、角度，独自进行背诵与演练。

#### 3. 模拟练习

找一个朋友作为搭档，互相赞美。

#### 4. 选定即将赞美的对象

由亲近的人开始，逐步选定家人、同学、朋友、老师、陌生人。

#### 5. 勇于实践

在生活中勇敢地去实践"赞美"。

## 四、有效说服

### 学习引导

#### 理发师的故事

北宋时期，宰相寇准一次请一个理发师理发。理发师理到一半时，也许是过度紧张，不小心将头发剃秃了一块，顿时惊恐万分，心想宰相要是怪罪下来，那还了得。

情急之下，理发师忽生一计。他连忙将剃刀放下，故意两眼直愣愣地看着寇准的肚子。

寇准见他这样，感到十分迷惑，连忙问："你不继续理发，为什么盯着我的肚子看?"理发师解释道：人们常说，宰相肚里能撑船。我看您的肚子并不大呀，怎么可能撑得了船呢? 寇准闻听此言，顿时哈哈大笑："宰相肚里能撑船，是指宰相的气量相对比较大些，对一些小事情能够容忍，不计较。"

理发师听到这里，"扑通"一声跪倒在地，战战兢兢地说："小的该死，刚才给大人理发时，不小心将您的头发剃秃了一块，宰相您的气量大，就饶恕小的吧。"

寇准闻听此言，摸摸自己的头发，果真发现秃了一块。刚要勃然大怒，但转念一想：自己刚说过宰相的肚量大，不计较小事，现在怎么能对犯了小错的理发师治罪呢？于是，笑着说道："好了，你起来吧，谁让宰相的肚里能撑船呢？"

资料来源：武洪明，许湘岳. 职业沟通教程. 北京：人民出版社，2011.

**想一想**：1. 理发师采用了什么策略，使宰相饶恕了自己？

2. 读完故事，谈谈你的感想。

_____

_____

_____

## （一）什么是说服

说服别人就是想要改变他们的信仰、态度或行为。借助于严密的逻辑推理来展开信息交流，是促使他人改变观点的有效手段，但也不是所有的转变都是推理的结果，成功的说服还需要感情的力量。因此，当我们运用理智和感情劝说别人时，我们就有了"说服"这个概念。

"说服"，听上去似乎是让别人去做他们不想做的事，或者让别人去相信他们不相信的事。事实上，说服不同于强迫，也不同于操纵。强迫意味着使用暴力，或用武力恐吓别人改变其行为；操纵则是通过不老实或幕后指使的方式使别人的行为发生转化。相比之下，说服是列出一些可以自由取舍的论据，以影响别人的信仰、价值观、态度或行为。说服是使人们赞同你的观点、用同一个角度看问题的一门艺术。

既然说服是一门艺术，就不是三言两语可以奏效的，它要有一定的技巧，并且在说服之前，必须了解一些原理。

## （二）说服的原则

**1. 用魅力来建立信赖感**

建立信赖感是说服的基础。人们往往被魅力吸引，魅力是信赖的前提。财富、外表、知识、能力都是一种魅力，但最重要的是人格魅力。让自己变得有魅力，无论内外，打造自己的形象，积累自己的知识，更重要的是修炼自己的内在品质。这些都是你说服别人的最有力的武器。

**2. 利用真理的力量，晓之以理**

说服别人必须有理有据，利用逻辑的力量，以理服人。如果没有充足的理由、新的论据材料、合理的推理逻辑，很难达到说服效果。

**3. 依靠情感力量，动之以情**

人是情感动物，要表达自己的意见，光有理性的力量是不够的，真挚的语气、动人的情感往往更能打动人、说服人。

好心情效应：开始说服前给对方一个好消息，有利于其积极思考。

唤起恐惧效应：人类有两种基本诉求，追求快乐和逃避痛苦。而大多数人逃避痛苦的动力要远远大于追求快乐的动力。在说服开始，用一个能令对方痛苦的信息引发他的恐惧心理，从而使他相信你的话。

单方面说服和双方面说服：对于已经持有赞成态度的人，单方面的论证更有说服力；而双方面论证则对持反对意见的人比较有效。

**4.** 了解说服对象，感同身受，运用同理心

要说服别人，必须先了解他人，站在对方的角度感同身受。你需要了解以下情况：他人的意见、想法和需求；他人接受你的意见、方案，响应你的主张的能力；他人的性格特征以及接受你意见的方式。

同理心是指正确了解他人的感受和情绪，进而做到相互理解、关怀和情感上的融洽。同理心就是将心比心，同样时间、地点、事件，而当事人换成自己，也就是站在对方立场思考问题。

## （三）说服的起步

人们有权利接受或拒绝说服者提供的材料，但如果对方发现，说服者提供的观点具有一定的可靠性，这时就会出现另一种情况，即"认识的差异"，尽管这种情况还不能改变对方的信仰，它却构成了说服过程的第一点。

运用"认识的差异"为对方创造了一个自由选择的机会，即使你提出的解决问题的方法遭到拒绝，你的努力也成功了，因为你让对方相信问题是存在的，问题必将引起对方的注意。"认识的差异"是攻克对方心理防线的最重要的手段。心理防线就像一堵墙，不解决这个问题，再好的理论、再明晰的表达方式都不起作用。攻克对方"心理防线"是实践说服的起跑线，具体有以下方法。

**1.** 以对方的认识为起点

不管对方认识如何，它总是客观存在。我们不妨先避开分歧点，从对方的认识出发。可以从细小的事谈起，而不涉及要害问题。如此由小到大，逐步推进。对对方表现出来的观点，只要同意，就可以立即作出赞同的反应，甚至顺着对方的观点补充一两句事实。通过你的强调，有助于抵消对立情绪。

**2.** 巧妙地表述与对方的不同点

不管对方有什么偏见，先找出一些与对方的共同点，把它作为解决分歧的出发点，扩大说服的范围。但对于不同点又不能回避，对这个敏感话题，要找到合适的表述方法。可以旁敲侧击，不触及对方的成见，只谈与之有关的边缘问题；可以不经意地提供一些意外的经验，使对方不知不觉受到暗示；可以把不同点融进共同点里表述，在"共同"的

原则下，软化对方的偏见；各种办法都不行时，干脆提出自己的不同点，但可以冠之以"这也许是我的偏见"，促使对方检点自己的"偏见"。

总之，首先要把对方从主观转化为客观，从固定的体验中解脱出来，"原来还有这样的方法"，只要对方有了这样的感受，说服就成功了一半。

### 3. 消除对方的心理压抑

说服不当，对人反而会有压抑作用，容易产生反抗心理。发现对方不满，就要设法让对方发泄。彻底的宣泄，不仅可以使不满情绪减弱，还可以从中发现说服的突破点。有了对抗情绪，反其道而行之有时比正面规劝更有益。例如，几个职员在禁烟牌前吸烟，经理走来，并不斥责，反而给每个人递上一支烟说道："走吧，我们换个地方抽个痛快。"

## （四）常见的说服技巧

### 1. 强调给对方带来的利益

要说服对方，必须换位思考，承认对方认识的合理性，先避开矛盾分歧，先赞同或部分赞同，抵消对方的抵触情绪，再逐步扩大说服的范围。即使发表自己的主张，也要着重讲对对方有什么好处。只从自己利益出发，不顾对方需求和感受，很难达到说服的目的。

### 2. 运用苏格拉底说服术

说服的最高境界是通过提问，让被说服者自己去说服自己。每个人都需要被认同，而被认同最好的方式就是有人很仔细地听你说话。假设你一开始就能通过很好地提问把听的工作做好，你跟对方的信赖感就开始建立了。问问题需要一定的技巧，如：先从简单的问题开始问起；要问让对方答"是"的问题；要问二选一的问题等。

简单的问题不会给人压力，从而减少了说服的阻力。让对方不断回答"是"，能使对方整个身心趋向于肯定的方面，从而易于接纳你的观点。二选一的封闭式提问会限定对方的回答范围，很容易得出你想要的结果，还让那个被说服者觉得是他自己的选择。

### 3. 模仿对方，寻找相似点

物以类聚，人以群分。每个人都喜欢两类人：一是和自己一样的人；二是自己希望变成的那个人。在说服时，有意识地模仿对方，他的动作，他的表情，说话的语气，可能会达到意想不到的效果。

### 4. 名言支持法

名人的话往往有一种号召力，因此借助名人的话，有时可省去与对方许多不必要的对话。引用名人的话要引证得明白确切、有针对性，所引用的名人必须是对方崇敬的。

### 5. 暗示说服法

通过委婉的语言形式，把自己的思想巧妙地传递给对方。受暗示是人的一种本能。

比如困难临头的时候，人们会安慰自己或他人："快过去了，快过去了。"从而减少忍耐的痛苦。人们在追求成功时，常常会鼓励自己"坚持一下，我一定可以的"。这些简单的语言给了人们强烈的暗示，让人们在无形中有了强大的抵抗困难或勇于进取的动力。

暗示有以下几种方式：借此言彼，利用事物与事物之间的相似之处，互相比较；旁敲侧击，说话时避开正面，而从侧面曲折表达、鼓动等。

## 6. 对比说服法

"如果有人提议在房子墙壁上开个窗口，势必会遭到众人的反对，窗口肯定开不成。可是如果提议把房顶扒掉，众人则会相应退让，同意开个窗口。"当提议把房顶扒掉时，对方心中的"秤砣"就变小了，对于"墙壁上开个窗口"就会顺利答应了。

冷热水效应可以用来劝说他人，如果你想让对方接受"一盆温水"，为了不使他拒绝，不妨先让他试试"冷水"的滋味，再将温水端上，这样他就会欣然接受了。

## 五、学会拒绝

### 学习引导

#### 第三颗原子弹

1966 年的中外记者招待会上，有记者问："请陈外长介绍一下中国发展核武器的情况。"陈毅答道："中国已经爆炸了两颗原子弹，我知道，你也知道。第三颗原子弹可能也要爆炸，何时爆炸，你们等着看公报好了。"陈毅的妙语赢得了满场掌声。

**想一想：** 1. 陈毅可以回答记者所提的这个问题吗？

2. 陈毅是如何拒绝的？

3. 从陈毅将军的故事里我们得到的启示是什么？

### 1. 直接拒绝，坦诚以待

有些要求确实是我们无法做到的，那么我们可以直接说"不"。例如：你每月要付房贷，还有一个孩子要养，但是你的同事邀请你和她一起去高档美容院做美容，还需要办一张几千元的美容卡。你经济条件不允许，而且也实在不想去。这种情况下，你可以直接拒绝，并阐述自己的原因，比如房贷，比如孩子的教育费用等。一般来说，大家都是可以理解的，也就可以接受你的拒绝。但如果你不直接拒绝，反而支支吾吾，欲拒还休，结果就不那么好说了。要么你打落牙齿肚里吞，硬是办了美容卡，但是每次都心疼得不得了；要么你躲躲闪闪的态度让对方误以为你对她有意见，最后卡倒没办，同事关系却疏远了。

### 2. 温和拒绝，语言婉转

在拒绝别人时，我们还要注意语言的运用，切不可伤了对方的尊严。比如说：一位男同事买了一条昂贵的裙子送给一位心仪的女同事，这位女同事并不喜欢这位男同事，因此她肯定不想收他的任何礼物。女同事看了看礼物，婉言拒绝，说："这条裙子真漂亮。不过我男朋友刚刚也给我买了一条，不如把这件留着送给你其他朋友吧。"这样一说，对方就很明白女同事的心意了。既给对方留了面子，也表明了自己的态度。何乐而不为呢？

### 3. 微笑打断，巧妙转移

电影中经常有这样的情节，某人好不容易鼓足勇气开口向对方提出请求，刚一开口说了两个字"我想……"就被对方微笑着转移了话题。"对不起啊，我赶时间，有什么事的话下次再说好吗？"有时候你很明显预感到对方要提出一个你做不到的要求，而如果等对方正式提出了他的要求的话，就很难拒绝了。这时，你可以在对方开始谈这个问题或马上要转入正题的时候，就微笑着打断对方的话，将话题转移出去。基本上，对方在第一时间就能了解到你的态度了。但是一定要注意，在运用这一技巧时，一定要照顾好对方的情绪，假如对方坚持提出自己的要求，一定要明确表示对他的尊重，而后再恳切地表明自己无法答应对方要求的理由，以得到对方的理解。

### 4. 拖而不决，不了了之

这里的拖而不决、不了了之是暂时不给出答复，既不拒绝，也不同意，只是回复说要研究研究或者说考虑考虑。一方多次请求无果，也就明白对方的态度了，要么不想同意，要么有情况确实定不了。同时，这种方法还可以给自己留下充足的思考时间，有时也确实在考虑之后能够找出解决的办法，而大多数时候也就是在拖而不办中不了了之。

其实，这个方法的本质可以说是回避拒绝，把事情搁置起来去讨论别的事情。我们在公司与公司的合作，甚至是国与国的合作中有时也会看见这种情境。对于对方的一个条件或要求无法同意，如果一直争执下去，那基本就不用谈了，这时就可以把它搁置，先跳过去做别的，或许在解决其他问题的时候能够找出解决这个问题的办法，或者最后干脆就其他可以解决的问题达成某一协定以推进事情的发展，而同时又避免了直接拒绝而引发的负面的影响。

特别要注意的是，这个方法更多的时候是在职场工作中，或者说是一个公司与另一公司之间。正如文章开头所提到的，朋友、同学或亲戚之间却不适合这种方法。因为在不断的拖延之中有可能真的会让对方因为虚假失去了向其他人请求的机会了。

## 六、面对冲突

### 学习引导

#### 火车上的故事

春节假期，小李坐火车回老家。车上人挤人，环境很差。

这时小李旁边跑过来一个六七岁的小男孩。小男孩很淘气，不停地在人群中挤进挤出，还自顾自地唱着跑了调的歌。小男孩的妈妈站在过道里看着自己的孩子瞎闹腾一点反应也没有。周围的人都不能好好地休息。

小李实在忍不住了，吆喝了一声："小孩，走远点，别在这里瞎嚷嚷！"还随手拨拉了一下小男孩，力道一点也不重。

但是，小男孩哇的一声大哭起来。

小男孩的妈妈一看，二话没说，扭头冲车厢那头喊了起来："老王，死哪去了！你儿子被人打死了！"

"谁！谁敢打我儿子！"一个膀大腰圆的大汉冲了过来。

小李看着面前能抵两个自己的大汉，傻了眼。

**想一想**：1. 这场冲突是怎么发生的？

2. 案例中的四个人（小李、小男孩一家）的行为谁对谁错？

3. 这场冲突可以避免吗？

4. 从这个故事里你得到了什么启示？

### （一）冲突产生的原因

冲突每天都在发生。面对冲突，我们每个人都有自己的处理方法，有人能完美地处理，有人就在冲突中不欢而散。但我们很少人会静下心来想一想，为什么会有冲突产生呢？我们又应如何去面对冲突呢？

### 1. 世界上没有完全相同的人

世界上没有两片相同的叶子。世界上更找不出一模一样的两个人。每个人理解同一事物的角度和方式都是不同的。每个人的性格、生活习惯、生活背景也都是不同的。不能说某件事别人做的就不对，自己的就一定对。因此，我们应该理解别人有不同的观点，允许不同的声音存在。

### 2. 每个人在社会中承担的社会角色不同

不同的人身份不同，工作也不同，对问题的看法也就不同。推销员会看到自己每天工作很辛苦，推销不易。销售科长看到的是这么多推销员，为什么没完成任务？

### 3. 不同的人对同一事物的认知程度是不相同的

某研究生毕业后应聘到一家机械制造公司。同期进入公司的还有另外一名研究生和若干名本科生及技校生。公司人事处负责人在对他和其他人进行为期一周的入职培训后就将他们安排到加工车间上班了。这位研究生天天对着数控机床，耳边听着轰隆隆的声音，手里摸着油腻腻的工具，干着和技校生一样的工作，他心里十分不平衡。凭什么我要做这样的工作呢？三个月后他辞职了，又去应聘了一个又一个的工作。一年后的一天，他偶然听原来的同事说，和他同时进入那个公司的另外一名研究生在转遍了公司的加工车间、装配车间、质检车间等各个一线车间后，被公司提拔为中层管理人员。而他仍然在寻找工作。同样条件的两个人对于同一事情的认知程度不同，最终结果也完全不一样。公司对员工的良苦用心，一个员工认为是"磨炼"，一个员工认为是"刁难"。

### 4. 不善于协调和处理人与人之间的关系

面试官们都比较喜欢招聘担任过班干部的学生。因为有过学生干部经验的学生往往在人际关系方面处理得比较好，一般都能比较快速地融入新的工作环境中。海尔集团把能否处理好同事之间的关系作为考核员工的一个重要指标，不善于处理人际关系的人往往更容易与人发生矛盾冲突。

### 5. 个人情绪的原因

每个人都有情绪低落的时候。这时候某人的一句话甚至是一个小动作都有可能引起对方的反感，从而产生矛盾，甚至是大打出手。

冲突产生的原因是多种多样的。我们应当了解这些原因，并在生活工作中注意这些问题，这对避免冲突的发生是很有益的。

## (二)面对冲突的态度

### 1. 回避

回避是面对冲突时表现出来的一种普遍现象，是人面对冲突的一种最初级的反应。

因为对某事准备不充分，害怕被批评，担心出错而产生逃避的心理。

面对冲突表现出回避态度的人缺乏自信心。人们采取这样一种态度远离冲突，但实际上根本不能解决问题。当然，有时回避冲突有助于我们"避其锋芒"，使冲突没有加剧，然而，这不是一种可以长期采用的态度，对重要的问题采用回避的态度更是不明智的。"逃避不是办法"，过多地逃避反而会给人留下懦弱的印象。主动一点，积极地面对才是最好的办法。

### 2. 对抗

与回避相反，有些人在面对冲突时采用针锋相对的态度。这类人往往意志坚决，把自己的目标放在了第一位。对抗型态度的人在遇上回避型态度的人时无疑会完胜。但是持有这种态度的人往往看重自己的目标或需求，并不考虑冲突中其他人的目标或需求。不是赢就是输的态度会导致别人对自己的评价变差。

### 3. 谦让

谦让是中华民族的传统美德，孔融让梨的故事教育了无数中国人。职场中有时面对冲突确实会作出谦让的举动，其原因有很多，有可能是意识到自己做错了，又不好意思道歉；也可能是为了实现长期的合作需求而暂时做出的退让。

### 4. 妥协

妥协就是采取某种折中的方式来面对冲突。职场中的妥协无疑是为了尽快达成最主要的目标而采取的态度。由于在妥协过程中，各方可以将他们的损失减少到最低程度，同时又能有所收获，因而妥协方法能奏效，许多组织都倾向于鼓励采取折中的办法。由于妥协对实现合作有着积极的意义，可以维护双方的良好关系，对别人做出妥协的人往往得到好评。但特别要注意的是：妥协毕竟会损害到己方利益，面对冲突时采取妥协态度很可能会忽略到某些重要的东西，而且还有可能会费力不讨好。

### 5. 竞争

竞争的态度可以激发人的主观能动性，能提升自己的勇气与信心。同对抗的态度相比，竞争的积极性更明显一些。

### 6. 合作

合作能让双方得利，也就是双赢。现代社会非常讲求合作的态度，这是一种非常完美的处理问题的态度。当然合作也不是单方面能够实现的，它必须要各方共同努力才能实现。采用合作的态度往往能够充分利用冲突带来的积极影响，将消极的冲突变为主动的合作，充分发挥各方的优势获取最大的利益。

面对冲突时，我们要承认冲突的客观存在，不逃避，积极了解冲突的本质，努力解决冲突。积极沟通，积极行动，抱着共赢的目标与对方一起找出最佳解决方案。

## （三）如何处理职场冲突

工作中，我们不可避免地会和其他人产生冲突或矛盾。矛盾和冲突本身都不可怕，但绝对没有人会希望把本来小小的分歧或矛盾发展成一场对决。那么我们应如何处理职场中的冲突呢？

### 1. 控制情绪，冷静分析

肾上腺素是人体所必需的，但是很多时候我们都得控制一下，不要让它分泌过多。人在生气的时候，头脑总是会不灵活，有时还可能会犯下愚蠢的错误，特别是在职场中，话说出口后再后悔就晚了。家人朋友会原谅我们，但是老板、合作伙伴可就不一定了。所以在面对冲突时，一定要控制情绪，冷静分析，弄明白使你感觉到气愤的真正核心是什么，而不仅仅跟老板大声嚷嚷不公平、不合理。这个分析过程也可以使你情绪渐渐稳定下来而找出更符合自己利益的处理方法。

### 2. 换位思考

设身处地为他人想一想。假如自己是对方的话，自己会怎么做。人与人之间的交往应当建立在相互理解、相互信任的基础上。职场环境中，绝大多数人是没有恶意的，更不会故意针对某人，多数时候大家都是为了把工作做好，这样想一下就心平气和了。而且现代职场特别讲求团队意识。如果总是把自己的利益放在第一位，总是把自己的观点强加给别人，不能接受别人的一点异议，冲突就必然会发生。很多时候，矛盾本身并没有绝对的对和错之分。适当的解释很容易化解职场中的矛盾。当你设身处地地从他人角度考虑问题的时候，也许一切都豁然开朗了。

### 3. 适度反击，化解冲突

适度反击的目的是化解冲突，绝对不是让冲突更严重。职场中人也需要捍卫自己的利益和名誉。在确实是对方故意的情况下也要有理有据地摆明自己的立场。避免冲突也不是要一味服软。老是唯唯诺诺、息事宁人最终会让人觉得没有主见，反而会失去了自己的尊严和立场，引发更大的冲突。理解对方，尊重对方，透过勇气与智慧赢得他人的尊重。用道理和事实来化解冲突，正大光明地解决问题。

### 4. 严于律己，宽以待人

"严于律己"就是严格要求自己；"宽以待人"就是允许别人有缺点。人与人之间的交往中，我们往往会过高地要求别人，不允许别人有一丁点儿的错。我们要记得，"金无足赤，人无完人"，我们在挑剔别人的同时也会被别人所挑剔。职场冲突中，我们应时刻谨记"严于律己，宽以待人"。能够做到这一点的话，就可以减少很多不必要的矛盾和冲突。如果总是以挑剔的眼光来看别人，一件很小的事情都有可能会闹到不可收拾。"严于律己，宽以待人"是人际交往的润滑剂。如果能做到这一点，许多冲突就可以避免了。

## 第三节　团队合作能力

### 一、知道团队概念，认识团队成员

**学习引导**

#### 最受欢迎的同事

李明大学毕业后留在了北京。一家广告公司招工的时候，他通过笔试和面试后被留了下来。

试用期间，总经理对他们同时应聘的 5 个人说："试用期满，将在你们中间选一名业务主管。"听了总经理的话，李明更是雄心勃勃，发誓要当上业务主管！

然而，要想当上业务主管就必须战胜 4 个同事！李明想，短短的 3 个月里要凸显自己的业绩仅靠埋头苦干是不行的，必须凭借聪明才智苦干加巧干。此后，他开始利用网络的优势进入广告设计网博览别人的设计创意，并频频跟网络设计高手交流。同时，他想，这样正当的学习，其他的 4 个同事同样能做到，如果是在同一起跑线上公平竞争，我的优势不一定能凸显出来。

为了确保自己能超过他们，李明开始"不耻下问"地向 4 个同事学习，而他们向李明请教问题的时候，他每次都把自己独特的见解藏起来，只说一些能在网上查询到的观点。当然，李明自认为所做的一切都很隐蔽，还常常自我安慰说，自己并没有伤害他们，只是努力提高自身而已。

试用期满，李明的业绩果然比他们 4 个人突出。他暗自窃喜，业务主管一职肯定非我莫属。然而，总经理的决定却让李明大跌眼镜：他没能当上业务主管，还被公司安排到了其他岗位。面对总经理的决定，李明质问他为什么。总经理平和地说："我们公司之所以能有今天，主要靠的是团队合作精神，因此，在我们公司，能跟同事共同提高的人才是最理想的人选。"

原来，总经理对李明的所作所为明察秋毫。他还拍着李明的肩膀语重心长地说："记住，跟同事共同提高比只向同事学习受欢迎。"

**想一想**：如果你是本案例中的李明，你打算怎样做？

_____

_____

_____

## (一)团队合作

### 1. 什么是团队

管理学家罗宾斯认为：团队就是由两个或者两个以上的，相互作用、相互依赖的个体，为了特定目标而按照一定规则结合在一起的组织。团队有几个重要的构成要素，总结为"5P"，如图所示。

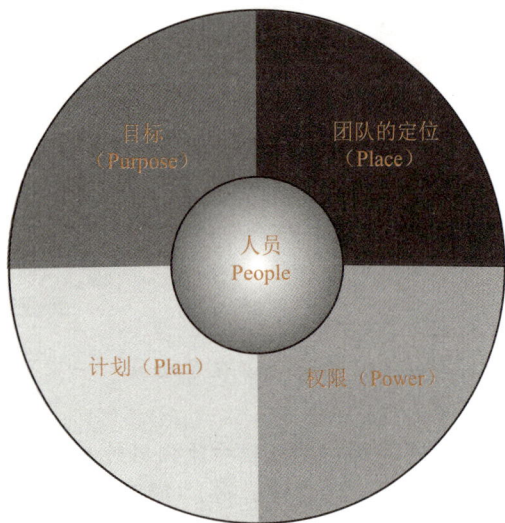

（1）目标（Purpose）。团队应该有一个既定的目标，为团队成员导航，知道要向何处去，没有目标这个团队就没有存在的价值。自然界中有一种昆虫很喜欢吃三叶草（也叫鸡公叶），这种昆虫在吃食物的时候都是成群结队的，第一个趴在第二个的身上，第二个趴在第三个的身上，由一只昆虫带队去寻找食物，这些昆虫连接起来就像一节一节的火车车厢。管理学家做了一个实验，把这些像火车车厢一样的昆虫连在一起，组成一个圆圈，然后在圆圈中放了它们喜欢吃的三叶草，结果它们爬得精疲力竭也吃不到这些草。这个例子说明在团队中失去目标后，团队成员就不知道上何处去，最后的结果可能是饿死，这个团队存在的价值可能就要打折扣。团队的目标必须跟组织的目标一致，此外还可以把大目标分成小目标，具体分到各个团队成员身上，大家合力实现这个共同的目标。同时，目标还应该有效地向大众传播，让团队内外的成员都知道这些目标，有时甚至可以把目标贴在团队成员的办公桌上、会议室里，以此激励所有的人为这个目标去工作。

（2）人员（People）。人是构成团队最核心的力量。3个以上（包含3个）的人就可以构成团队。目标是通过人员具体实现的，所以人员的选择是团队中非常重要的一个部分。在一个团队中可能需要有人出主意，有人订计划，有人实施，有人协调不同的人一起去工作，还有人去监督团队工作的进展，评价团队最终的贡献。不同的人通过分工来共同完成团队的目标，在人员选择方面要考虑人员的能力如何，技能是否互补，人员的经验如何。

（3）团队的定位（Place）。团队的定位包含两层意思：团队的定位，团队在企业中处于什么位置，由谁选择和决定团队的成员，团队最终应对谁负责，团队采取什么方式激励下属？个体的定位，作为成员在团队中扮演什么角色？是订计划还是具体实施或评估？

（4）权限（Power）。团队当中领导人的权力大小跟团队的发展阶段相关，一般来说，团队越成熟领导者所拥有的权力相应越小，在团队发展的初期阶段领导权是相对比较集中。团队权限关系到两个方面：一是整个团队在组织中拥有什么样的决定权？比方说财务决定权、人事决定权、信息决定权。二是组织的基本特征。比方说组织的规模多大，团队的数量是否足够多，组织对于团队的授权有多大，它的业务是什么类型。

（5）计划（Plan）。目标最终的实现，需要一系列具体的行动方案，可以把计划理解成目标的具体工作的程序。提前按计划进行可以保证团队的顺利进度。只有在计划的操作下团队才会一步一步地贴近目标，从而最终实现目标。

### 2. 高效团队的特征

（1）清晰的目标。高效的团队对要达到的目标要有清楚的理解，并坚信这一目标包含重大的意义和价值。而且，这种目标的重要性还激励着团队成员把个人目标升华到群体目标。在有效的团队中，成员愿意为团队目标做出承诺，清楚地知道希望他们做什么工作，以及他们怎样共同工作并实现目标。

（2）相互的信任。成员间相互信任是有效团队的显著特征，也就是说，每个成员对其他人的品行和能力都确信不疑。我们在日常的人际关系中都能够体会到，信任这种东西是相当脆弱的。它需要花大量的时间去培养而又很容易被破坏。而且，只有信任他人才能换来被他人的信任，不信任只能导致不被信任。所以，维持群体内的相互信任，还需要引起足够的重视。

（3）相关的技能。高效的团队是由一群有能力的成员组成的。他们具备实现目标所必需的技术和能力，而且相互之间有良好合作的个人品质，从而能出色完成任务。后者尤为重要，但却常常被人们忽视。有精湛技术能力的人并不一定就有处理群体内关系的高超技巧，而高效团队的成员则往往兼而有之。

（4）一致的承诺。高效的团队成员对团队表现出高度的忠诚和承诺，为了能使群体获得成功，他们愿意去做任何事情，我们把这种忠诚和奉献称为一致的承诺。对成功团队的研究发现，团队成员对他们的群体具有认同感，他们把自己属于该群体的身份看作自我的一个重要方面。因此，承诺一致的特征表现为对群体目标的奉献精神，愿意为实现这一目标而调动和发挥自己的最大潜能。

（5）良好的沟通。这是高效团队一个必不可少的特点。群体成员通过畅通的渠道交流信息，包括各种言语交流和非言语交流，此外，管理层与团队成员之间健康的信息反馈也是良好沟通的重要特征，它有助于管理者指导团队成员的行动，消除误解。就像一对已经共同生活多年、感情深厚的夫妇那样，高效团队中的成员能迅速而准确地了解彼此的想法和情感。

（6）谈判技能。以个体为基础进行工作设计时，员工的角色有工作说明、工作纪律、工作程序及其他一些正式或非正式文件明确规定。但对高效的团队来说，其成员角色具有灵活多变性，总在不断进行调整。这就需要成员具备充分的谈判技能。由于团队中的问题和关系时常变换，成员必须能面对和应付这种情况。

（7）恰当的领导。有效的领导者能够让团队跟随自己共同渡过最艰难的时期，因为他能为团队指明前途所在，他们向成员阐明变革的可能性，鼓舞团队成员的自信心，帮助他们更充分地了解自己的潜力。优秀的领导者不一定非得指示或控制，高效团队的领导者往往担任的是教练和后盾的角色，他们对团队提供指导和支持，但并不试图去控制它。这不仅适用于自我管理团队，当授权给小组成员时，也适用于任务小组、交叉职能型的团队。对于那些习惯于传统方式的管理者来说，这种从上司到后盾的角色变换，即从发号施令到为团队服务实在是一种困难的转变。当前很多管理者已开始发现这种新型的权力共享方式的好处，或通过领导培训逐渐意识到它的益处。但现实中仍然有些脑筋死板、习惯于专制方式的管理者无法接受这种新观念，这些人应当尽快转换自己的老观念，否则就将被取而代之。

（8）内部和外部的支持。要成为高效团队的最后一个必需条件就是它的支持环境。从内部条件来看，团队应拥有一个合理的基础结构。这包括适当的培训、一套易于理解的并用以评估员工总体绩效的测量系统以及一个起支持作用的人力资源系统。恰当的基础结构应能够支持并强化成员行为以取得高绩效水平。从外部条件来看，管理层应给团队提供完成工作所必需的各种资源。

## （二）如何建设高效团队

我们可以借鉴"5W1H"方法来建设高效团队。"5W1H"是：Who（我们是谁）、Where（我们在哪里）、What（我们成为什么）、When（我们什么时候采取行动）、How（我们怎样行动）、Why（我们为什么）。通过明确这几个方面的问题来建立高效团队。

第一是我们是谁（Who）？即团队成员自我的深入认识，明确团队成员具有的优势和劣势、对工作的喜好、处理问题的解决方式、基本价值观差异等；通过这些分析，最后获得在团队成员之间形成共同的信念和一致的对团队目的的看法，以建立起团队运行的游戏规则。

第二是我们在哪里（Where）？每一个团队都有其优势和弱点，而团队要取得任务成功又面对外部的威胁与机会，通过分析团队所处环境来评估团队的综合能力，找出团队目前的综合能力对要达到的团队目的之间的差距，以明确团队如何发挥优势、回避威胁、提高迎接挑战的能力。

第三是我们成为什么（What）？以团队的任务为导向，使每个团队成员明确团队的目标、行动计划，为了能够激发团队成员的激情，应树立阶段性里程碑，使团队对任务目标看得见、摸得着，创造出令成员兴奋的幻想。

第四是我们什么时候采取行动（When）？合适的时机采取合适的行动是团队成功的关键，团队任务的启动；团队遇到困难或障碍时，团队应把握时机来进行分析与解决；以及团队面对内、外部冲突时应在什么时机进行舒缓或消除；以及在何时与何地取得相应的资源支持等；都必须因势利导。

第五是我们怎样行动（How）？怎样行动涉及团队运行问题。即团队内部如何进行分工、不同的团队角色应承担的职责、履行的义务、协调与沟通等，因此，团队内部各个成员之间也应有明确的岗位职责描述和说明，以建立团队成员的工作标准。

第六是我们为什么（Why）？对于这个问题，目前在很多企业团队建设中都容易被忽视，这可能也是导致团队运行效率低下的原因之一。团队要高效运作，必须要让团队成员清楚地知道他们为什么要加入这个团队，这个团队运行成功与失败对他们带来的正面和负面影响是什么，以增强团队成员的责任感和使命感。即将我们常常讲的激励机制引入团队建设，可以是团队荣誉、薪酬或福利的增加以及职位的晋升等。

## 二、组建优秀团队，设计团队形象

### 学习引导

#### 谁最有能力

　　乔志是公司人尽皆知的智勇双全型人才，他敢说敢做，积极外出促销，即便是最没有希望的地区，只要他去了，就会客户盈门。但美中不足的是，他只有中专文凭。在这个文凭就是"招牌"的时代，乔志即便业绩突出，也无缘销售总经理之位。

　　作为区域经理的乔志做事稳重而干练，说起话来丝丝入扣，让听者的思想随着他有条不紊的语言而转移。这是他无论走到哪儿，哪儿的业绩就会提升的根本原因。乔志除了自己的分内工作，对总体业务规划也有一套独特的见解，思路宽广，思维敏捷，深得老总器重。可是不久，他出乎意料地被调到了其他部门。

　　很多人为损失一位业务人才而深感惋惜，有人劝他既然有那份才能，何不自己单干？乔志只是微微一笑。乔志在这个部门又摸索出一套既实用又先进的管理方案，他未敢越级上报，只把自己的想法如实汇报给部门经理。可是不久，他又被调到了另一个部门，至于理由，也许只有乔志心里清楚，只是他什么也不说。

　　大家猜测乔志这次一定会辞职了，这么有志气的人，哪经得起这样折腾？而乔志却心平气和地工作着。他所在部门的经理听说老总这阵子正在观察中层干部，想从中选拔总经理的继任者，身边有这么一位手下，心里怎能坦然？于是，这位经理就趁机给老总反映说本部门没有乔志的用武之地。老总就犯难了，欲升乔志为正职，他文凭不高；让他做副职，正职心里不安。一个不团结的领导班子怎么能搞好工作呢？

　　当老总正在为这事犯难时，新产品开发部经理敲响了老总办公室的门，委婉地说明来意，力邀乔志与他合作，齐心协力开发一个新产品项目，老总毫不犹豫地应允了。

　　乔志心里对这位经理怀有知遇之恩，工作上更加尽心尽力。短短两个月时间，乔志和这位经理成功地推出新产品成果，公司迅速投入生产，业内人士指出此项目具有广阔的市场前景。

　　在生产会上，老总宣布了一个不同寻常的消息：总经理之位由能容纳并给予乔志展示才能机会的新产品开发部经理担任！而为公司做出巨大贡献的乔志，也得到了升职和奖励。会场上很安静，老总的声音格外洪亮。

　　乔志积极配合上司的安排，不过多抱怨，不自恃清高，相信总会有自己的用武之地，总会有一个合适的平台施展他的才能，从而得到相应的回报。而对于领导者（新产品开发部经理）来说，能够坦然接受优秀的部下本身就是一种能力，而且会把这种能力最大化，并最终在工作成绩上得以体现。

　　*资料来源：为先在线 www.hniy.com.cn*

**想一想**：乔志的经历带给你的启示是什么？

_____

_____

## （一）如何设计团队形象

CIS 是英文 Corporate Identity System 的缩写，直译为形象识别系统，意译为企业形象设计。CIS 是指企业有意识、有计划地将自己企业的各种特征向社会公众主动地展示与传播，使公众在市场环境中对某一个特定的企业有一个标准化、差别化的印象和认识，以便更好地识别并留下良好的印象。CIS 系统是由理念识别（Mind Identity，MI）、行为识别（Behaviour Identity，BI）和视觉识别（Visual Identity，VI）三方面所构成，设计团队形象可以借鉴该系统，在实际运作中，包括队名、队歌、口号、队徽、队纪、队服等。

### 1. 队名

索尼公司创始人盛田昭夫说过："起一个响亮的名字，以便引起顾客美好的联想，提高企业知名度与产品的市场竞争力。"这句话在一定程度上肯定了商业名称在成败中具有举足轻重的作用。同理，团队名称也向公众传递着它的追求、定位、文化和品位。

那么怎样为团队选择一个满意的名字呢？一般应注意以下几点。

（1）符合法规，符合风俗人情。例如，在广州，"316"和"916"哪个好？显然是前者，因后者用广州话发音的谐音是"狗一路"。

（2）体现团队对社会的责任，内涵美好，如尚德读书社、一品堂文学社等。

（3）易记、易读，能够体现团队的特征与文化，如闪电篮球队、争论航模队等。

（4）字义的意境优美，符合团队形象，如美女厨房、香奈儿健美队。

（5）寓意深远，容易被人联想，如蚂蚁搬家队、天下为家驴友俱乐部等。

（6）符合团队的业务定位和地域特征，如健之舞俱乐部、湘味一族俱乐部等。

蒙牛创立前的起名工作至少经历了三个月。牛根生起先是从自己认识的朋友、教师、策划人、社会名流私下征名，这样征来的名字大概就不下 50 个，但还是没有满意的；后来，一次又一次地开会，会议的内容是多方面的，但起名一直是其中一项重要议题。

在给蒙牛起名的过程中，牛根生向与会人员强调了几个简单的规则：一是字数要少，易听易记；二是要体现牛奶特点；三是体现草原概念。比如车牌的地域标志，"蒙 A""蒙 B"就是内蒙古，"沪 A""沪 B"就是上海……

于是，人们在"蒙 A""蒙 B"的组合中，顺理成章地导出个"蒙牛"和"蒙奶"两个名字。但是"奶"是上声，"牛"是阳平，读起来，"蒙奶"的力度不如"蒙牛"的力度大。然后集体投票，"蒙牛"独占鳌头。

"蒙"——内蒙古。背景联想是：蓝天，白云，草原，畜牧的故乡，奶的摇篮。

"牛"——奶牛，牛奶。背景联想是：牛气，牛市，勤奋如牛，气壮如牛。

### 2. 队旗、队徽

队徽作为团队的标志图案，通常与队旗紧密相连。队徽的意义和作用与队旗相似，都具有标志、象征和宣传功能，能给队员带来荣誉感、自豪感，从而增强团队的凝聚力、向心力。所不同的是，队徽在使用上较队旗更为广泛、灵活。它不仅悬挂或建筑于庄重场合，而且绘制于服装及办公用具等以便于宣传自我，队徽图案代表着一支团队的职责与使命。

一个好的队旗、队徽设计通常应具备以下条件：

(1)原创，独特，合法；

(2)精美，寓意深刻；

(3)表达团队理念和追求；

(4)能够体现团队的类型、内容和风格；

(5)简洁，有视觉冲击力。

### 3. 口号

团队口号，就是供团队成员口头呼喊的有纲领性和鼓动作用的简短句子。它是一盏明灯，照亮团队前进的方向；它是一支兴奋剂，点燃团队激情，鼓动队员为团队的共同目标去努力奋斗；它还是一扇窗口，折射出一个团队的精神面貌和雄心壮志。

在创作团队口号时，一般应注意以下几点：

(1)表达出团队理念，如"为人民服务"。

(2)朗朗上口，如"尚德是我家，努力靠大家"。

(3)易读易记，如"高、真、无、优"等。

(4)有震撼力鼓舞人心，如"更高、更快、更强"等。

### 4. 队歌

队歌是用在团队中唱的激励士气的合乐的词曲。由于表现形式更综合，因而队歌比口号有着更高的感染力。队歌是喉舌，可以传达队员心声，增强队员凝聚力和战斗力，增强队员自豪感；队歌是桥梁，可以加强内部沟通、协调，构筑和谐，将队员个人发展愿景和团队发展远景有力结合；队歌是窗口，对外展示团队实力和形象，为公众组织对团队的认同度加分。

在创作团队队歌时，一般应注意以下几点：

(1)歌词充分体现团队发展理念和奋斗精神；

(2)旋律要求充满激情，易于传唱；

(3)朗朗上口，时尚易记；

(4)旋律简易，歌词精练，男声和女声均宜。

### 5. 队服

队服的作用概括起来有如下四点：

(1)增强凝聚力，营造团结一致的氛围，提升团队归属感；

(2)团队规范化的象征，让外界觉得正规有实力；

(3)宣传作用，扩大团队知名度；

(4)形成礼堂冲击，有利于展示团队的形象和理念。

在设计队服时，通常要注意以下几点：

(1)队服前面一般要印有队徽；

(2)队服后面一般应印团队名称和口号；

(3)忌花哨，颜色一般不超过三种；

(4)底色不要太抢眼，要对比突出队徽、团队名称和口号。

### 三、明确团队任务，学会团队管理

**学习引导**

#### 一团和气

秦伟被任命为一个项目的经理，管理着9位项目成员，他们均来自不同部门，相互也不太熟悉。在开启动会时，秦伟说了很多谦虚的话，也希望大家齐心协力做好项目。

项目开始以后，项目成员遇到问题就去请示经理。秦伟为了显示能力和树立权威，也总是有求必应身体力行。其实有些问题项目成员之间就可以相互帮助解决，但是他们怕自己的弱点被别人发现，成为别人以后攻击自己的借口，所以都愿意找经理。即使秦伟的做法不对，成员发现了也不吭声，他们认为只要按经理说的去做，出现问题时经理也会负责。"找秦经理去""我们听你的"成了该项目团队的口头禅。

但随着时间的推移，这个一团和气的团队在进度上很快出现了问题，项目管理部意识到问题的严重性，另派高级项目经理来指导该项目的实施。

**想一想**：该项目组问题出在哪里？秦伟应该怎么做？

_____

_____

_____

### （一）什么是项目管理

所谓项目管理，就是项目的管理者在有限的资源约束下，运用系统的观点、方法和理论，对项目涉及的全部工作进行有效的管理。即从项目的投资决策开始到项目结束的全过程进行计划、组织、指挥、协调、控制和评价，以实现项目的目标。

项目管理类似于一个乐队演出：乐队指挥就是项目经理，他的目标就是要成功地完成演出，最大限度地满足听众对演出的目标要求。演奏好这场音乐会需要演奏人员齐心协力，同时还需要一个统一的指挥、统一的要求。乐队的总谱就相当于项目管理的一个计划，乐队指挥要按照项目计划进行，项目工作才得以开展。演奏过程的先后次序，工作的轻重缓急，乐曲的强弱，包括不同声部的进入，都需要有一个完整、周密的计划。

## (二)项目团队管理技能

项目团队是指为完成某一业务目标，在一定时间内，由有关人员临时组成的、充分运用相关资源完成任务的有机整体，包括影像项目团队、研发项目团队、工程项目团队、管理项目团队等。

要做好一个团队项目，必须按一定的团队流程去运作，通常来说要注意运用好以下几项管理技能。

### 1. 确定目标

团队项目的使命和任务，必须转化为目标，有了目标才能确定每个人的工作。在一个项目中，有许多工作往往要并行处理才能高效推进。当团队管理者确定了团队目标后，必须对其进行有效分解，转变成各小组以及每个人的分目标。因此团队管理者应该通过分解目标对一个个工作小组进行管理，管理者根据分目标的完成情况对小组或队员进行考核、评价和奖惩。如果没有方向一致的分目标指示每个人的工作，则团队的规模越大、人员越多、项目越复杂、专业分工越细，发生冲突、浪费和混乱的可能性就越大。团队每个成员的分目标就是团队总目标对他的要求，同时也是队员对团队总目标的贡献。

"好的开始是项目成功的一半"。项目成功的标准就是实现项目目标，而目标就是在启动时来确定。具体而言，此过程要分析干系人、确定项目目标以及找出制约因素和假设。

项目成功的标准客观上是实现项目目标，主观上是干系人满意，满意的前提是了解干系人需求。需要注意的是，一个是干系人不明确表达自己潜在的需求，项目经理须要有优秀的沟通能力了解其潜在需求；另一点就是项目干系人往往需求不一致，而且有时候会有矛盾，项目经理须记录下来他们各自的需求，并进行平衡；如果涉及很多方干系人，项目经理还需要评估他们对项目的影响力和影响是正面的还是负面的，并高度关注那些影响力较强的干系人。

### 2. 拟订计划

计划是目标的细化、具体化，详细而周密的计划是做好管理的基础。

拟订计划必须考虑适用性，特别是时间方面。项目运作计划应该是一个整体计划再加上若干个阶段性的计划，从而形成一个计划体系。中长期的计划指明方向，而短期计划用于付诸实施。工作计划是由实施部门根据细分目标来制订的，因为细分目标来源于项目的总目标，因而在制订过程中往往会发现，本部门的计划受其他部门的影响和制约，并深受其困扰。因此，一个成熟的操作性强的计划，在执行部门制订并提交后一定要通过科学的评估与系统化过程，使各部门工作计划在总目标下形成一个有机的整体，才能够付诸实施。一个系统的项目工作计划应当是各部门工作计划的提升，具有更高的层次，有项目自身的主线，各部门的实际执行计划必须以项目主线为主导，所有的工作进程安排均要围绕项目主线进行，从而有效地避免部门之间的摩擦，产生更高的工作效率。

项目管理计划及其子计划的制订和完善，是一个"滚动式"的过程，需要执行 PDCA

(计划、执行、检查、修正)循环。现实世界中没有哪个项目的计划制订是"一劳永逸"的。因此，在团队项目的实施中，一定需要养成在项目的推进过程中不断检查、修正和完善项目管理计划及其子计划的习惯，唯有这样，项目管理计划才能真正发挥作用。

### 3. 分工授权

管理的首要工作就是科学分工。只有每个队员都明确自己的岗位职责，才不会产生推诿、扯皮等不良现象。如果团队像一个庞大的机器，那么每个队员就是一个个零件，只有他们爱岗敬业，团队的机器才能得以良性运转。团队是发展的，管理者应当根据实际动态情况对人员数量和分工及时作出相应的调整，否则，队伍中就会出现工作冲突和混乱。如果队伍中有人滥竽充数，给团队带来的不仅是效率的损失，而且会导致其他人员的心理不平衡，最终导致团队整体绩效下降。

在非洲大草原上，三只瘦弱的野狗正与一只高大的斑马进行一场生死搏斗。

乍一看来，三只弱小的野狗很难是大斑马的对手。但实际情况是，一只野狗咬住斑马的尾巴，任凭斑马的尾巴如何甩动，都死死地咬住不放；一只野狗咬住斑马的耳朵，任凭斑马如何摇头，也绝不松口；一只稍显强壮的野狗咬住斑马的一条腿，任凭斑马如何踢弹，一点也不懈怠。

不一会儿，在三只野狗的齐心攻击下，"庞然大物"斑马终于体力不支瘫倒在地，成为三只野狗的盘中餐。

从野狗可以战胜斑马的故事中看出授权是一门管理的艺术，充分合理的授权能使管理者们不必凡事亲力亲为，从而可以把更多的时间和精力投入团队发展上，并增长队员的才干，促进队员的成长。授权是完成目标的基础，是调动部属积极性的手段，是提高部署能力的途径，是增强应变能力的条件。不会有效授权的领导不是好领导。

在进行有效授权时，要注意把握以下几点。

(1)大部分工作可以授权。通过对团队领导的工作进行盘点可以发现，80%的工作都是可以授权的。团队领导只需做好如下工作：团队的重要决策，制订重要目标并下达，人事安排和奖惩，发展和培养部署等。其他如日常事务性工作、具体业务工作、专业技术性工作、可以由他人代表出席的工作、一般客户的接待等均可授权。

需要着重说明的是：无论授权到何种程度，有一种东西是无法下放的，那就是责任。授权只能意味着责任的加大，不仅对自己，更要对部下的工作绩效负全部责任。

(2)传授工作诀窍。领导在授权时需要面授经验和重要事宜，向队员讲述完成任务时常采用的方法、程序、重点及关键环节、工作细节提示以及此项工作的最终目的等。

(3)做好授权控制。授出的权力不加以控制，轻则影响公司绩效的完成，重则可能造成严重的后果。

(4)牢记几个要点。授权之初就要确定监控的机制；恰当地掌握工作的进度和情况，不让人觉得不被信任；控制目标，不控制细节；及时纠正偏差；采用团队控制方法。

### 4. 有效监控

计划是在对未来团队和外部环境预测基础上制订的。未来具有不确定性，这些不可预知的因素会影响计划的执行。无论计划制订得如何周密，由于各种各样不可预知的因素，在执行计划的过程中或多或少会出现与计划不一致的情况。如何保证计划顺利实现？控制发挥着重要的作用。控制是管理的基本职能之一，是组织活动正常进行的保障。没有控制，管理工作很难完成，目标也无法实现。

管理控制中经常用到的控制方法有：预算控制、视察、报告、比率分析、盈亏分析、程序控制、计划评审和绩效审核等。

### 5. 绩效考核

如何对项目团队进行考核，是决定团队组织绩效考核预期目标能否实现的关键。

在项目团队考核中，除遵循常规绩效考核的一般原则外，还应突出以下几个原则。

（1）把结果考核和行为评价相结合。结果应该用四个维度来测量：质量、数量、时间和成本，强调投资回报。

（2）把项目外部评价与内部评价相结合。只对项目产出进行评估是不够的，必须对项目为团队带来的价值进行评估，即项目效果和价值的评价。

（3）业绩和激励机制相联系。实现业绩管理体系与薪酬体系的动态联动，真正把考核的结果落到实处，是团队考核实效的最有力的证据。

## 四、打破常规，做创新型团队

### 学习引导

#### 综合就是创造

我们中国人素以谦虚好学著称，我们的企业要想实现跳跃式发展，也就必须站在巨人的肩膀上，我们不但要学习日本人的团队精神、德国人的严谨态度，还应学习美国人的创新精神。在一次酒会上，有 7 个人，美国人、俄国人、英国人、法国人、德国人、意大利人、中国人，每个人都要宣传自己国家有什么好酒。中国人把茅台拿出来了，酒盖一起，香气扑鼻，在座的各位说了茅台了不起。俄国人拿出了伏特加，英国人拿出了威士忌，法国人拿出了 XO，德国人拿出了黑啤酒，意大利人拿出了红葡萄酒，都很了不起。到了美国人这里，美国人找了个空杯子，把茅台等几种酒都倒了一点，晃了晃，什么酒？鸡尾酒。综合就是创造。他哪有东西，只不过把别人的东西拿来，把好的东西综合起来就是创新。创新最重要的是观念的创新，也就是邓小平同志所说的解放思想。我想，如果我们企业的团队都有了创新意识，我们的企业一定可以赶超欧美、日本先进企业。落后就要挨打。要想不挨打，就要不落后；要想不落后，就要与时俱进；要想与时俱进，就要不断创新；要想不断创新，只有坚持学习。创新型的团队来自学习型团队。

**想一想**：你认为创造的秘诀是什么？带给你什么启示？

_____

_____

_____

## （一）什么是团队创新

团队创新，是指团队组织的创新能力和创新意识较强，能够源源不断地进行技术创新、组织创新、管理创新等一系列创新活动。彼得·德鲁克在谈到创新型组织时说："创新型组织就是把创新精神制度化而创造出一种创新的习惯。"

团队创新型组织中，创新不是某一部分成员的活动，而是整个组织各个层次成员的共同运动。从最高管理者到最底层员工，围绕组织目标，他们工作中都在有意识地创新，或组织的结构造就了他们的创新。"勇于创新"行为是由组织最高管理者开始的，组织最高管理者是"创新"信号的强有力制造者，同时也是创新运动的参与者；组织的全体成员都是创新运动的积极响应者和参与者。组织内的不同工作群体按不同的方式相结合组成一个个团队。团队是创新型组织的基本工作单位和创新单位，团队创新是创新型组织的基本创新方式。从另一个角度看，创新型组织是团队创新思想的一种引申，或者说它是以团队运行为基石的。

## （二）团队创新的举措

### 1. 培育创新文化，营造激励创新的环境氛围

创新文化是有利于开展创新活动的一种氛围。创新文化的内涵包括三个层面：一是精神层面，包括科学精神、价值观、世界观等；二是制度层面，它是与价值观念相一致并能体现这种价值的一系列行为规范、政策以及评价体系的总和；三是与精神层面和制度层面相对应的，表现为一种物化的、外在的形式与载体。

培育创新文化，应从以下几方面着手：

（1）弘扬科学精神，解放思想实事求是，鼓励标新立异，敢为天下先；

（2）在政策导向上激励创新，将资源资金及保障条件向创新倾斜；

（3）在用人取向上，大胆起用富有创新意识和创新思维的年轻人，特别注重具有大局意识和战略创新的眼光的将帅之才，重视创新团队的建设；

（4）在制度保障上，建立健全科学、合理、完备、系统的、能激励创新的制度体系；

（5）在管理、服务等各项工作中，倡导首创精神，反对墨守成规的工作作风。

### 2. 发掘与训练人才，提升组织的创新能力

创新的关键是人才。人才的取得一是引进；二是培养。当今的大学教育造就了具有创新能力的年青一代。年轻的大学生、研究生，他们是思想更开放、更活跃、更具有创造性的群体，适时地从他们当中选拔一些精英，作为新鲜血液补充进来，是提升组织创

新能力的一种快捷有效的方式。同时，应注重对组织内现有成员创新能力的培训提高。创新型组织讲究的是全员参与创新。因此，应针对不同层次成员的现有能力和岗位特点开展不同形式不同特点的培训。不同层次的培训，都要求不仅仅是传授和学习知识，更应注重训练创新的意识，培养一种勤于学习和思考的习惯。只有当组织内所有成员的大脑都动起来了，创新才能成为组织的一种能力。

**3.　构造组织的创新流程**

好的流程应该带给组织自由的空间，应能促进创新。皮特斯·T 在《第六项修炼》中提出了一种名为"7R"的创新流程。

"7R"的核心思想是通过流程创新来实现组织的创新功能。"7R"具体含义如下：

(1)重新思考(Rethink)，它考虑的是"为什么/Why"的问题；

(2)重新组合(Reconfigure)，它所关心的是流程中的相关活动，为与"什么/What"有关的问题寻找新的答案；

(3)重新定序(Resequence)，它所关心的是工作运行的时机和顺序，它的创新则来自于提出"何时/When"的问题；

(4)重新定位(Relocate)，它所注重的是活动的位置，是与"哪里/Where"有关的问题；

(5)重新定量(Reduce)，它所牵涉的是从事特定活动的频率(How many or How often)，如"活动量要达到多少，要多久做一次?"等；

(6)重新指派(Reassign)，它是指工作的执行者由谁(Who)来做更好；

(7)重新装备(Retool)，它关注的是完成工作所需的技术与装备，为与"如何/How"有关的问题寻找新的答案。

皮特斯·T 指出，在"7R"架构下运作虽然并不能保证创新一定会出现，但绝对有助于推翻旧观念及产生新观念。而创新的关键在于新观念产生得够不够多。皮特斯·T 认为，"7R"流程是一种能促进组织创新的流程。从"7R"流程的具体内容可以看出，该流程的作用机制是通过回答关于企业现状和流程的七个问题，从而产生新的观念。从这个意义来讲，"7R"流程是强调求异思维的流程。

## 第四节　执行能力

### 一、执行力与个人执行力

**学习引导**

#### 忙碌的农夫

有一个农夫一早起来，告诉妻子说要去耕田，当他走到 40 号田地时，却发现耕耘机没有油了，原本打算立刻要去加油的，突然想到家里的三四只猪还没有喂，于是转回家去经过仓库时，望见旁边有几条马铃薯，他想起马铃薯可能正在发芽，于是又走到马铃薯田去，路途中经过木材堆，又记起家中需要一些柴火，正当要去取柴的时候，看见了一只生病的鸡躺在地上……

这样来来回回跑了几趟，这个农夫从早上一直到太阳落山，油也没加，猪也没喂，田也没耕，很显然，最后他什么事也没有做好。

**想一想**：个人缺乏执行力会导致什么后果？

_____

_____

_____

_____

### 1. 执行力

执行力是指有效利用资源、保质保量达成目标的能力，指的是贯彻战略意图、完成预定目标的操作能力。是把一个集体的战略、规划转化成为效益、成果的关键。执行力包含完成任务的意愿，完成任务的能力，完成任务的程度。对个人而言执行力就是办事的能力；对团队而言执行力就是战斗力；对企业而言执行力就是经营能力。简单来说就是行动力。

### 2. 个人执行力

个人执行力是指每一个人把上级的命令和想法变成行动，把行动变成结果，从而保质保量完成任务的能力。集体中不同的角色，执行力的要求也不一样。个人执行力的强弱取决于两个要素——个人能力和工作态度，能力是基础，态度是关键。要提升个人执行力，一方面是要通过加强学习和实践锻炼来增强自身素质，而更重要的是要端正工作态度。那么，如何树立积极正确的工作态度？关键是要在工作中实践好"严、实、快、新"四字要求，即积极进取，增强责任意识、脚踏实地，树立实干作风、只争朝夕，提高办事效率、开拓创新，改进工作方法。

### 3. 影响个人执行力的要素

(1)意愿。如果不想做，肯定做不好。执行的意愿来自目标、利益、危机。有目标才有愿望，有利益才有动力，有危机才有压力。

(2)环境。企业文化环境影响行动，要行动就要给自己创造行动的环境。

(3)能力。想做还要会做。提升方法、技能、知识。

## 二、执行力的养成与创业

### 学习引导

#### 谁去给猫挂铃铛

有一群老鼠开会，研究怎样应对猫的袭击。一只被认为聪明的老鼠提出，给猫的脖子上挂一个铃铛。这样，猫行走的时候，铃铛就会响，听到铃声的老鼠不就可以及时跑掉了吗？大家都公认这是一个好主意。可是，由谁去给猫挂铃铛呢？怎样才能挂得上呢？这些问题一提出，老鼠都哑口无言了。

**想一想：** 科学合理的战略部署对创业有什么作用？

_____

_____

_____

_____

### （一）提升执行力的途径和方法

（1）积极主动，自觉自发。

（2）停止抱怨，不找借口。

（3）加强沟通，执行到位。

（4）不断学习，追求进步。

### （二）执行力与创业

什么样的人更容易创业成功呢？敢闯敢干，有胆有识，才能变理想为现实。只要瞄准目标，判断有据，方法得当，就应敢于实践，敢冒风险。对瞄准的目标敢于起步，对选定的事业敢冒风险的心理品质又称敢为性。敢为性的人对事业总是表现出一种积极的心理状态，不断地寻找新的起点并及时付诸行动，表现出自信、果断、大胆和一定的冒险精神；当机会出现的时候，往往能激起心理冲动。敢为不是盲目冲动、任意妄为，不能凭感觉冲动冒进，而是建立在对主客观条件科学分析的基础上的。

# 单元 6

## 创业准备

### 第一节　创业 ABC

#### 学习引导

#### "馋嘴丫头"的美食地图

景云从小就被父母戏称为"馋嘴丫头"，长大后，她更加钟情于吃，只要听说哪里有好吃的，她肯定要去大吃一通，无论花多少钱她都不觉得心疼。

景云以吃会友，积累了丰富的客户资源。

2001 年，她拿出全部的积蓄，创办景云广告公司，主要代理医疗及健康产品广告。为了回报大家的关心、支持和帮助，景云隔三差五就要带着朋友和客户好好吃上一顿，她点的一道道美食端上来后，大家都称赞景云："有眼光，真会挑好吃的。"

有一天中午，一位朋友打电话问她哪里有好吃的，她向这位朋友推荐了王府大街上的全鱼馆："里面的锅巴贴鱼、泉水鱼和玉米酪等几道菜，最有特色。"这位朋友邀请她一起去尝尝，她谢绝说："我最近穷得连盒饭都吃不上了，哪有心思陪你们大吃大喝呀。"得知具体情况后，这位朋友笑着说："现在开广告公司，如同千军万马过独木桥，有什么意思？你还不如动动脑筋、想想办法，将你所掌握的美食信息卖出去呢。肯定有很多人需要！"一语惊醒梦中人。她灵机一动：我何不借用地图，将南京的美食描绘出来呢？

景云先后画出了一百多幅"美食地图"草图，在取得了权威部门的支持后，为防止一哄而上，景云很快与江苏省测绘局基础地理信息中心签订了长期合同。

"美食地图"作为一种新型的宣传载体，直接受益者除了拥有、使用此图的读者外，就是入选的餐饮单位了。景云决定首印 1000 万份，向各餐饮单位象征性地收取 1000 元宣传费。

12 月底，"金陵美食地图"试发行，首批印数一万份，每份定价 6 元。景云以最快的速度将"美食地图"打进各大书店、车站码头和书报亭。

仅 3 天，景云共卖掉了 200 多份。景云带和朋友去汉府美食广场一火锅城聚餐，餐馆老板来敬酒时，看到了"美食地图"，当场拍板买 100 份，作为抽奖礼品，赠送给前来就餐的客人。景云感到很奇怪："上面有很多家特色餐馆，你这样做，不就等于将客人送走了吗？"这名老板说："不。客人自己会选择、判断，我要让这些客人知道，吃了一圈回来，还是我这里的火锅味道鲜美、货真价实。"

受此启发，景云悟出：好东西一定有市场！为了迅速提高销量，景云招聘了 50 名在校大学生做兼职，很快，"美食地图"就卖出了 5000 余份。她给自己算了一笔账：每份地图售价 6 元，扣除设计、排版、印刷、发行等费用，所剩无几；试发行一万份，最多只能赚 2 万元。最赚钱的还是宣传费这一块，试发行已收入 10 万元；正式发行前，如果能吸收 200 多家餐馆，平均每家出 2000 元宣传费，就是 40 万元！因地图是易消耗品、更新很快，此后每半年滚动更新一次，吸收五百多家餐馆，发行量增至两万份，宣传费由 2000 元增至 3000 元，就是 150 万元！

**想一想**：1. 你有什么特殊兴趣爱好吗？能把它变现为创业构思吗？

2. 从景云身上你获得哪些启示？

---

## 一、创业的含义与类型

随着我国社会主义市场经济的迅速发展，在就业岗位相对不足的情况下，越来越多的人投身到创业的浪潮中，并取得不少成功的经验。创业也因此成为社会热门话题。本节主要介绍有关创业的基本知识，帮助创业者树立创业意识，强化创业心理素质，努力提高创业能力，实现梦想。

### （一）创业的含义

创业，顾名思义就是开创一项全新的事业。把一些新观念、新方法、新技术付诸实践，转化为现实的生产力，创立企业，生产产品、提供服务进行经营，这属于创业。有的人自己就是业主，他们勇担风险，善于经营，成就和扩大自己的事业，拓展到新的领域，这也属于创业。

从内容上讲，创业有广义和狭义之分。广义上的创业泛指人类一切带有开拓意义的社会变革活动。它涉及的领域非常广泛，无论政治、经济、军事、体育、文化艺术事业，只要人们从事的是前无古人的事业，都可称之为创业。狭义的创业专指社会上的个人或群体从头开始的、以发展经济实力为目的的社会活动。这种活动对于整个人类而言，也许是前有古人的，但对于创业者本人来讲，则是从头开始、从未经历过的事情，因而它具有相对的开拓性。本单元所言的创业是指狭义上的创业活动。

## （二）创业的类型

从理论的角度看，创业可以分为生存性创业和机会性创业。从实践的角度看，创业可以分为五种形式，创业者可根据自己的资金、经验和实际能力去选择。下面对创业的五种基本形式进行阐述。

### 1. 开办新的企业

从头开办一家新企业的创业形式，可分为两个不同的阶段，即创建阶段与经营阶段。创业者从头干起，虽然相对复杂，但根据自己在创建阶段的构想，构建自己的事业，可在场地、设备等硬件条件方面进行选择，同时在技术、人员等方面，根据需要进行资源配置，然后就可以顺利地进入经营阶段。

### 2. 加盟特许经营

特许经营是连锁经营的一种，是成功率很高的创业模式。连锁经营是指经营同类商品或服务的营业点，在统一的整体规划和布局下集中管理分工合作，通过扩大规模获得更高的效益，它是世界流行的生意模式，为创业者提供了一种低风险和缺乏专业知识与经验者迅速进入并拥有自己事业的机会，这是一种典型的双赢模式，如麦当劳和肯德基。其成功的关键，在于选择合适的特许经营系统，选择时主要应考虑该品牌的市场影响力、在本地的市场潜力和提供的支持与服务的情况。

### 3. 复制模仿创业

当对一个领域、一个行业、一个公司有了相当多的了解以后，可以参照该领域、该行业、该公司的经营内容和管理模式，模拟它们来自己办理同类的公司。复制模仿创业经常发生在一个员工进入一领域、一行业、一公司进行学习和积累之后，对大学生来说，可能是在公司实习以后进行的。

### 4. 购买现有的企业

购买现有的企业，是指通过多种形式获得一家现成的企业，这家企业可能正在营运，也可能停业；可能很赚钱，也可能亏损。不论该企业好坏，创业者都可以获得一个现成的企业。这种创业形式的优点十分明显，可以节省大量的时间与精力，就能直接进入经营阶段；与开办新企业相比，通常情况下所花费的精力以及资金也相对较少。该类型的缺点是可能买到一个前景不佳的公司与一堆低质量的资产，要正式经营还须费很大的功夫。

### 5. 从事自由职业

自由职业者可以说是一个自我经营的独立企业，它也构成创业的一种特殊形式。由于社会经济的发展、科技的进步以及社会经营格局的变化，这种形式具有越来越强的生命力。从全球的角度看，不是定期受雇于某个工作单位，而是以独立自由身份存在的灵活就业呈现逐步扩大的趋势，以专业性工作、脑力劳动者为主的人即是自由职业者。他们根据自身的特长、面对社会需要或者自行独立开业，如医生开办医疗诊所、律师开办律师事务所，开展社区医疗、法律咨询服务等；或者进行独立的专业性劳务，如作特立独行的自由撰稿人、自由作家、自由演员、独立培训师、独立咨询师等；或者与有关单位建立技术服务关系，在家独立完成工作或者到对方单位承担自主的工作。近年美国新创建的小企业中，自由职业者占了约三成，并呈现着上升的趋势。在我国经济发达的地区与新兴行业领域，很多人也选择了这种依靠自身的专业优势来自主创业的形式。

## 二、我国总体就业形势与创业

改革开放以来，中国的经济实现了持续的高增长，是世界上经济发展非常迅速和有效引领全球抵御金融危机的国家。但中国又是世界第一的人口大国，近年青年人口大批量进入劳动年龄，使劳动力供给高峰期到来、就业压力凸显，目前城乡劳动力过剩的总量规模高达 1.5 亿。

在经济竞争和技术进步的形势下，社会产品中的劳动要素含量处于下降趋势，由此同等社会总产值的就业数量就会不断下降，因此，寻找新的就业机会、开辟新的就业岗位就至关重要。在近年的全球金融危机中，与发达国家相比我国最"抗跌"，我国的就业得以维持，但新的发展机会和新就业空间的寻找与开辟更至关重要。创业正是可以带来发展的无限空间，可以带来就业持续增量的重要途径，到新的空间去发展、去经营，是真正的增量性就业，也是使经济维持"可持续发展"的就业。

通过各种渠道努力开发就业岗位，解决我国的城乡人力资源供给的就业出路，是我国经济社会发展中的战略性任务。努力推动创业，无疑是扩大就业的重要途径，一个人或一组人创业，开办一个企业，能够设立若干个工作岗位，带动一批人在其中就业。

## 第二节　创业者素质

### 一、创业者基本素质内涵

创业，是一个发现和捕捉机会，并由创造出新颖的产品提升服务，实现其潜在价值的过程。创业能否成功，与创业者的素质关系极大。

创业者是一个德才兼备的特殊人才，必须具备优秀的品格和能力，要具备那种积极的、健康的、良好的个人品行和德行。在企业经营活动中，创业者的品格和能力如何，对企业的发展具有重要的影响和作用。具体地讲，主要包括以下十个方面。

#### 1. 诚信：创业立足之本

市场经济已进入诚信时代，作为一种特殊的资本形态，诚信日益成为企业的立足之本与发展源泉。

风险投资界有句名言："风险投资成功的第一要素是人，第二要素是人，第三要素还是人。"此话足以证明，风险投资家对创业者个人素质的关注程度。在他们看来，创业项目、商业计划、企业模式等都可适时而变，唯有创业者品质难以在短时间内改变。

创业者品质决定着企业的市场声誉和发展空间。不守"诚信"，或可"赢一时之利"，但必然"失长久之利"。反之，则能以良好口碑带来滚滚财源，使创业渐入佳境。

### 2. 自信：创业的动力

日本八佰伴集团创始人和田一夫开始时仅经营一家小水果铺，还被一场大火烧得精光。但是，在"不摧毁旧的，就不能建设新的"信念支持下，他最终东山再起，成为声名显赫的创业家。

人的意志可以发挥无限力量，可以把梦想变为现实。对创业者来说，信心就是创业的动力。要对自己有信心，对未来有信心，要坚信成败并非命中注定而是全靠自己努力，更要坚信自己能战胜一切困难。

### 3. 勇气：视挫败为成功之基石

硅谷有着"创业大本营"的美誉，在硅谷，每年都有数以万计的企业倒下，同时也有成千上万的创业者一夜暴富。美国知名创业教练约翰·奈斯汉说："造就硅谷成功神话的秘密，就是失败。失败的结果或许令人难堪，但却是取之不尽的活教材，在失败过程中所累积的努力与经验，都是缔造下一次成功的宝贵基础。"成功需要经验积累，创业的过程就是在不断的失败中跌打滚爬。只有在失败中不断积累经验财富，不断前行，才有可能到达成功的彼岸。美国3M公司有一句关于创业的"至理名言"：为了发现王子，你必须与无数只青蛙接吻。对于创业家来说，必须有勇气直面困境，敢于与困难"接吻"。

### 4. 领袖精神：创业的无形资本

一只狮子领着一群羊，胜过一只羊领着一群狮子。这一古老的西方谚语说明了创业者领袖精神的重要性。企业成功离不开团队力量，但更多层面上取决于领导者本人。创业者是企业的一面精神旗帜，其一言一行都将影响企业的荣辱兴衰。企业文化被称作企业的灵魂和精神支柱。而企业文化精髓就是创业者的领袖精神，这是凝聚员工的一笔"不可复制"的财富，更是初创企业生存和发展的关键。

### 5. 爱心：创业成功的催化剂

在竞争日趋激烈的今天，产品和企业的公众形象定位，对创业成功与否起着关键作用。富有爱心，则是构成诚实、良好商业氛围的重要因素。从某种角度看，爱心是创业成功的"催化剂"。惠普创始人戴维·帕卡德提出："一个企业对社会的责任远远重要于对股东的责任。"这位亿万富翁住在一栋简朴的房子里，却为许多大学和公益基金会捐了无数款项。企业通过积极承担社会责任，热情支持公益事业，形成良好的社会口碑，反过来，对企业的发展将产生强劲的支持作用。一位成功人士曾感叹说："有时候花再多的钱做广告，不如多做一些对社会有益的事情，更能起到事半功倍的效果。"

**6.** 社交能力：借力打力觅捷径

以往人们总是强调自主创业，但如今这种观念正在改变，人际关系在创业中的作用逐渐加大，人脉圈日益成为创业信息、资金、经验的"蓄水池"，有时甚至在商业活动中能起到四两拨千斤的神奇功效。目前"朋友经济"在招商中的作用日益显现。北京大学中国金融投资家俱乐部的成员就包括投资公司老板、证券商、银行家以及政府部门金融方面官员，他们手中掌控着 1200 亿元资本和无限商机。

**7.** 合作能力：趋利避害形成合力

携程计算机技术(上海)有限公司总裁季琦告诉青年创业者，"携程网"的成功，除了抓住当初互联网快速发展的契机，有一个良好的创业团队是关键。"携程网"的团队成员来自美国 Oracle 公司、德意志银行和上海旅行社等，是技术、管理、金融运作、旅游的完美组合。大家在一起创业，分享各自的知识和经验，同时也避免了很多创业"雷区"。

**8.** 创新精神：创业成功的维生素

金利来领带的创始人曾宪梓说："做生意要有创意而不是有本钱！"在竞争激烈的市场中，缺乏创新的企业很难站稳脚跟，改革和创新永远是企业活力与竞争力的源泉。

**9.** 魄力：该出手时就出手

在创业界，往往是风险与机会并存。创业者必须善于发现新生事物，并对新生事物有强烈的探求欲；必须敢于冒险，即使没有十足把握，也应果断地尝试。

**10.** 敏锐眼光：识时务者终为俊杰

生意场上，眼光起了决定性作用。很多资金不多的小创业者，都是依靠准确抓住某个不起眼的信息而挖到"第一桶金"的。市场经济刚起步时，机会特别多，好像做什么都能赚钱，只要你有足够的胆量和能力。但如今，每个行业每个领域都有人做，激烈的市场竞争宣告"暴利时代"已经结束，取而代之的是"微利时代"。因此，创业机会必须要创业者自己去发掘。

## 二、中职生创业素质训练

### （一）评估自己的创业潜力

创业是职业生涯规划过程中的一种职业选择，在进行创业决策时，同样应当遵循职业生涯规划的基本理论和模型。成功创业者有着一些共同的特征，对创业成功有着重要的作用。因此，要评估自己的个性特征及创业倾向等方面，评估自己的创业潜力。

创业与工薪就业都是职业选择，却是截然不同的生活方式，以现实的眼光审视自己的特点，可以帮助大学生发现自己是否具备创业能力。

你通常会为了实现目标而自我激励并努力工作吗？

你能与别人进行良好的工作合作吗？

在群体中，你通常承担领导者的角色吗？

你能够与别人良好的沟通吗？

你善于倾听吗？

你自信吗？

你对自己有积极的认识吗？

你做决定时果断吗？

对于上述问题，肯定的回答越多，具有的创业特征也就越多。

实事求是地填写下表（创业条件分析自评量表），填写每一项能力或个人特质时，先阅读说明，然后评价是长处还是弱点。把你的创业构想讲给一位关系密切的朋友或家庭成员听，再请他们按下表中的各项对你进行评估。

**创业条件分析自评量表**

| 主要结构 | 基本要素 | 举例 |
|---|---|---|
| 个人素质 | 人格 | 自信与独立 |
| | 能力 | 决策能力 |
| | 专业知识 | 财务知识 |
| 经验 | 直接经验 | 亲自经历的创业历程 |
| | 间接经验 | 通过咨询所获得的经验 |
| 资金 | 现金 | 基本的启动资金 |
| | 贷款 | 小额贷款 |
| | 借款 | 朋友借款 |
| | 物品 | 用于赊销的商品 |
| 社会关系 | 合作者 | 内部或外围的支持者 |
| | 亲朋好友 | 家族内部的支持 |
| | 业内专家 | 业内成功者的支持 |
| 市场 | 市场调查和分析 | 对地区市场的理解 |
| | 目标市场的选择 | 细化后的目标市场选择 |
| | 市场的营销手段和措施 | 可以实行的营销手段 |
| 决策 | 决策的核心 | 一个好主意或盈利的关键点 |
| | 完整的策划 | 创业计划书 |

数一数，自己总共有多少长处，多少弱点。

也可以通过对自己的个性特征和创业倾向进行测量，通过练习考察自己的创业潜力。但是，值得一提的是，任何问题和测量都是作为职业选择的参考，个体的个性特征和创业倾向也可能随着时间的改变和接受的培养和教育发生变化。

## （二）培养创业素质

创业不是一件容易的事情，要面对很多困难和问题，要不断培养自己的各方面素质，通过刻苦的努力和奋斗才能取得成功。

### 1. 具备创业意识

创业意识包括：创新意识、务实精神和风险意识。

创新意识也就是所说的创意。创业本身就是一种创新，可以自己创新产品或者服务，也可以是对原有的产品进行重新组合，创业兴趣促使创业者在日常的生活中注意观察和学习，产生创业灵感，不断地产生创意和创新。

务实精神对于刚走出校门或者经济实力不强的创业者尤其重要。要充分分析和挖掘自己的能力和实力，在对自己或者团队充分了解的基础上，制订切实可行的创业计划，不能好高骛远，一分耕耘，一分收获，循序渐进、踏踏实实的努力。

风险意识是创业意识中必不可少的。天下没有保险不败的生意。有冒险精神，勇于承担风险并不等于盲目的冒险。风险意识是指要在行动前认真分析可能遇到的风险并想办法规避风险；即使在行动中遇到了不可避免的风险，应当保持冷静和理智，及时解决问题；并且，在创业过程中不断地学习，不断地调整，不断地总结经验，逐渐培养敏锐的感知风险的能力。

### 2. 良好的心理素质和创业心态

创业需要良好的心态，包括：善于交流和合作、坚持不懈的精神、自信心和平常心。

创业者要学会与各种类型的群体进行友好的交流和合作，如与同行之间的互相学习和合作，与媒体、销售商等客户之间的有效沟通。要建立服务意识和合作意识，通过与各类人员的交流和合作能够排除障碍，化解矛盾，提高办事效率，增加信任度，有助于企业的发展。

坚持不懈是每一个企业家都应当具备的精神。能够根据市场的需要和变化，确定正确的目标，制订令人奋进的工作计划和营造氛围，带领企业战胜困难，实现目标。

自信心和平常心看似两个有些矛盾的心态，却是在创业中都必不可少的心理素质。自信是创业者力量和激情的来源。创业者的努力、坚持都是来自于对自己创业构想的相信。创业者普遍都具有很强的自信心，不轻言放弃。

同时，在自信心支持下的创业行动也要以一颗平常心去对待，乐观地面对创业中遇到的各种问题。首先，要明白创业也是一种职业，是一种比其他职业要付出更多，忍受更多，但也很可能收获更多的职业。其次，面对各种挑战和困难，要明白"阳光总在风雨后"的道理。最后，创业的过程也许比结果更美好，要认真体会创业过程中的成就感和快乐感，这些才是创业者获得的最大财富。平常心陪伴下的创业者还要懂得适时放弃。明智的放弃，不过是你把拳头收回来，准备再一次出击而已。

**3.** 创业能力

具备了创业意识和良好的心理素质以外，优秀的创业能力的培养也是至关重要的。

在创业过程中直接体现出来的能力包括：专业技术能力、经营管理能力和综合能力。

专业技术能力是指生产产品或提供服务所需具备的能力。例如，开办 IT 企业需要计算机相关知识和技能，开办网店需要网络操作能力，等等。

经营管理能力包括成本核算、资金管理、人员管理、市场营销等能力。作为初次创业可能在这些能力上还有所欠缺，就要通过提前的市场调查等进行学习，不断在实践中总结经验和教训，不断提高自己的经营管理能力。

综合能力是多种技能的合并，主要体现在以下几个方面：

决策能力：创业过程中必然面临各种选择，必须作出很多决定。优秀的决策能力是能够在选择时考虑周全，权衡利弊，果断地作出决定，把握住机会。

学习能力：对自己所从事的行业知识不断学习，也就是所说的"懂行"，避免常见的错误。同时，对于更多的相关行业，包括销售、管理技能以及研究环境变化等的了解和学习也非常重要，也许新的创意或者商机就蕴含在不断学习的过程当中。要保持开放的态度，懂得倾听他人的想法和建议。

理财能力：创业者是公司财务的管理者，资金的分配和合理使用是保证企业正常运转的最有力的保障。学习理财知识，向有公司理财经验的人请教，咨询专业的理财顾问等都是好办法。

交流能力：通过合适的方式、语言、态度与人的交流会使成功的机会大增。通过有效的沟通，使人们了解你的企业，喜爱你的企业，支持你的企业。

# 第三节　把握创业机会

## 一、创业知识准备

### （一）创业意识培养

创业首先要有一个创业设想，就是说你想干什么和怎么干。创业设想包含三个部分。

（1）创业机会的把握。把握用某种方式为你所接触到的人服务的机会。商机就是满足顾客需要的机会，给消费者提供产品或服务，搭建供给和需求的平台。

（2）创业设想构成的四要素。创业设想构成的四要素是指市场、产品和服务、资源以及为完成前三项任务而建立的某种组织和机构。市场是交易活动的主要场所，是顾客及各种供应商的集合地，也是对你的创业成果做最终鉴定的唯一场所。你的创业成功与否，不是哪个人说了算，而是市场说了算；产品和服务就是你创业内容和思想的承载体；资源包括主观资源与客观资源，主观资源主要指你能干什么，你有什么经历和背景，有什么关系，有什么特长等，客观资源主要指比如技术、场地、设备、资金、人际关系、营销经验等；为完成前三项任务而建立的某种组织和机构即注册成立一个什么性质的企业组织形式。

（3）创业设想的获取途径。

## （二）创业构思的含义

构思是一个呈现着系统性的、有中心及层次的、物化的整体性思维活动。构思不是自己挖掘出来的，是自己的选择。构思不只是想法，是主意、点子、计谋等的综合并体现在具体文字上。构思的精华和契机是灵感。一个成功的企业开始于正确的观念和好的企业构思。

小企业创办原则（构思原则）总结为四句话：“志向要大，起步要稳，计算要精，规模要小”。

为了做到起步稳，可以考虑如兼职、设备租赁（或购买二手设备）、使用钟点工（需要人手时，再雇全时员工）、逐步拓展（不要摊子铺得太大而陷入困境）等。

选项目时应做到四不做：不爱不做；不懂不做；不熟不做；违法的不做。

## （三）如何挖掘构思

好的企业构思来源两条基本途径：生产专长和市场需求（涵盖以下三个方面），即自己的特长、顾客的需要和各方面的资源。

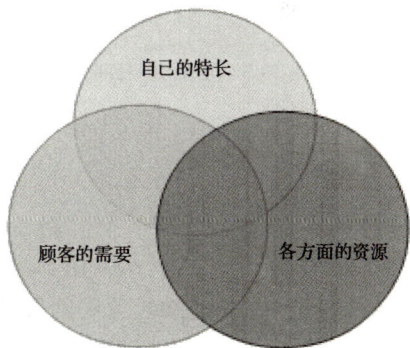

### 1. 产生企业构思的禁忌

（1）视野狭隘，目光短浅；
（2）脱离现实；
（3）盲目追随潮流；
（4）不懂装懂，自以为是。

### 2. 一个好的企业构思构成

（1）必须有市场机会，即构思项目的产品（服务）必须在人口（消费者）、需求偏好（购买欲望）和购买力三者的交集处才是可行的项目。

（2）你必须具有利用这机会的技能和资源。技能包括你在学校习得的专业技能、打工学会的技能、自己对某一方面的兴趣专长、祖传手艺等。资源包括资金、设备、发明专利、祖传秘方、人脉、销售渠道等。

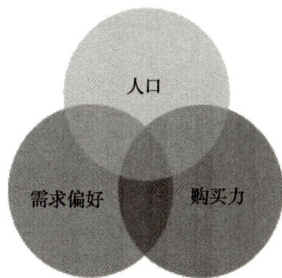

### 3. 创业要有核心竞争力

你创业前要问问自己：我到底比别人强在哪儿？核心竞争力主要表现在以下两个方面。

(1)相对垄断。产品相对垄断(独家经营)、地点相对垄断(地点可复制性差)和人才相对垄断(我能做别人做不了)。

(2)有特色。服务特色、产品特色、用人特色、经营特色、广告宣传特色等。

### 4. 寻找创业思路的途径

如何寻找机会?你的优势在哪里?就在你的经历和技能中。经历中有人生体验,有专业技能,有各种人际关系,有各种可调用的资源。

(1)寻找商机的方法。寻找法,市场考察、报纸杂志、广播电视、网上查询;挖掘法,发现消费者未知的需求,自己创造出新的生意;整合法,把各种生意有创意地组合在一起。

(2)寻找商机的出发点。你自己遇到(发现)的问题;在工作中遇到(发现)的问题;其他人的问题被你发现了;你所在社区中可发现的问题。

(3)寻找商机的线索。市场空白商机:别人没有做的,如玩具修理店;竞争带来的商机:价格不合理、服务不好;替代品商机,如用塑料衣柜代替木制衣柜。

问题为新的商机出现提供了新的线索,有问题就有商机。发现需要眼光!

## (四)产生企业构思的方法

### 1. 需求和潜在需求——问题发现法

未满足的需求就是商机:自己的问题;别人的问题;生活中的问题;工作中的问题。

(1)你自己遇到的问题(拼车、养花没土等)。

(2)在你的工作中发现的问题。

(3)其他人遇到的问题(养老院、搬家、改衣服等)。

(4)你所在社区遇到的问题。

(5)社会变化(政策变化、科技进步等)。

优秀的创业者善于从他人的问题中发现商机。

### 2. 抓住和把握市场机会——能力适配法

(1)判断自己的技术或专长在当地是否存在市场机会。

(2)确定是否有能力或资源利用这些机会。

(3)依据能力和兴趣决定开办什么类型的企业。

### 3. 针对产品、针对服务——头脑风暴法

这种方法就是采用集体讨论的形式,引导每个人围绕某个中心议题,广开思路、激发灵感、畅所欲言,在短时间内获得大量观点的一种发散型思维方法。

此法又可分为两种,如下所述。

一般性头脑风暴法:通过词汇和东西想到什么算什么,让你的头脑发散性思维(即打

开你的思路并帮助你产生不同想法的方法)。

结构性头脑风暴法：即也可以用来思考一个特定的产业，也就是从一个特定的产品开始，然后尽力想出所有相关的企业。如衣服，可以从四条线上想制造线、服务线、农林牧渔、商业上想寻找项目的规律。

长期留心，偶尔得之。机会是给有准备的人，生意是在做中找，找中做的。在层层铺垫中走向成熟。

### （五）从哪里发现创业机会

(1)变化就是机会。环境的变化，会给各行各业带来良机，人们透过这些变化，就会发现新的前景。这些变化包括产业结构的变化、科技进步、通信革新、政府放松管理等。

(2)从"低科技"中把握机会。在运输、金融、保健、饮食、流通这些所谓的"低科技领域"也有机会。

(3)顾客的需要就是机会。实际上每个人的需求都是有差异的，如果我们时常关注某些人的日常生活和工作，就会从中发现某些机会。

(4)关注"负面"就会找到机会。着眼于那些大家"苦恼的事"和"困扰的事"。因为人们总是迫切希望解决苦恼和困扰。如果能提供解决的办法，实际上就是找到了机会。

### （六）创办企业的具体方法

(1)能力适应法。变现型创业者，自己有哪些能力可以作为创业的资本。

(2)模仿法。(差异化)异地模仿、特色经营(产品、服务、资源、人才的相对垄断)。

(3)产品的垄断。独家经营——人无我有，人有我优，人优我特。

(4)人才的垄断。我会你不会——特殊技能(正骨、祖传秘方)。

(5)资源的垄断。小肥羊、迁西板栗、景德镇瓷(高岭土)。

(6)服务的特色。比如东北人家酒店——店面装饰(用树皮)；店内墙(老报纸)；土炕；酒(状元红)；门口(养大公鸡)；服务员(说东北话)等。

### （七）如何才能抓住机会

要用鹰一样的眼睛去捕捉市场机会(发现问题、解决问题)，通过自身能力抓住和把握市场机会。

(1)有敏锐的嗅觉，先知先觉。

(2)提前做好准备，有提前量(炒股成功秘诀)

(3)动作果断、迅速。

(4)坚定信念、不懈努力。只有坚持才能使机会变为事实。

### （八）创业构思的获取

(1)家庭背景。

(2)潮流与时尚。

(3)个人生活背景。

(4)创造性。

(5)个人爱好。

(6)模仿。

(7)身边的烦恼和不便。

(8)连锁经营权。

(9)对某项活动的知识与兴趣。

(10)接管。

(11)专项技艺。

(12)来自政府和社会。

## 二、对自己的创意进行 SWOT 分析

当你产生一个新的创业构思以后，可能大家都觉得很新颖，但是它是否可行呢？具备可操作性吗？通过对创业构思的 SWOT 分析就可以有个初步判断。

**SWOT 分析各要素解析**

| 项目 | 解释/特点 | 举　例 |
|---|---|---|
| 优势——S | 打算创办的企业是否具备这些优势方面（企业内部环境/可以改变的因素） | 产品/服务竞争力强、比竞争者们都好；商店地理位置非常好；员工技术水平很高经验丰富；业主年轻能吃苦 |
| 弱(劣)势——W | 打算创办的企业较之竞争对手处于劣势地位的方面（企业内部环境/可以改变的因素） | 你的产品/服务的成本高、售价贵；无力支付广告费用；无力提供足够好的售后服务；业主缺乏企业管理知识 |
| 机会——O | 准备开办企业将能获得的有利时机、地位、支持和商业交易对象（企业外部环境/不可改变的因素） | 你产品/服务可能占有越来越大的市场份额；你竞争对手因为某种原因丧失竞争力；你获得了新的物美价廉的代用原料等；附近没有类似企业、新建小区顾客量将上升等 |
| 威胁——T | 准备开办的企业将遭遇到可能的种种不利（企业外部环境/不可改变的因素） | 原材料紧缺导致你的成本上涨；新产品/服务正在涌现，顾客日见减少等；你的产品/服务有强大的竞争对手 |

SWOT 分析的结果——四种要素的组合。

**SWOT 分析结果**

| 内部<br>外部 | 优势(S) | 劣势(W) |
|---|---|---|
| 机会(O) | 可行的项目 | 可改善(转型)的项目 |
| 威胁(T) | 可考虑(多种经营)项目 | 放弃(自杀)项目 |

经过 SWOT 分析，你的企业构思能否去实施，存在可能的几种取舍。

（1）SO 组合（优势＋机会）。最佳构思，做全面的可行性研究，准备以此为项目进行创业。

（2）WO 组合（劣势＋机会）。改进构思使之完善。

（3）ST 组合（优势＋威胁）。修改原有企业构思。

（4）WT 组合（劣势＋威胁）。放弃这项构思。

课堂实训：请几位学生说出自己的创业构思，大家帮助他（她）进行 SWOT 分析（分析构思的优势和劣势，优势和威胁，最后得出结论：项目是否可行）

## 第四节　创业实务

良好的创业想法是创业成功的前提，一定的创业知识与技能是创业的基础，按照科学的创业步骤，才能提高创业成功率。

### 一、产生创业的想法

创业者可以通过很多途径或者机会产生创业想法。

#### 1. 爱好和兴趣

从小学习乐器到毕业后开办乐器行，热爱旅游的同学毕业后开办旅游公司等。

#### 2. 个人技能和经验

把个人的技能和经验转化成产品和服务是创业的常见模式，技能和经验是重要的资源。

#### 3. 特许经营项目

特许经营是指特许者将自己所拥有的商标、商号、产品、专利和专有技术、经营模式等以特许经营合同的形式授予被特许者使用，被特许者按合同规定，在特许者统一的业务模式下从事经营活动，并向特许者支付相应的费用。

#### 4. 大众传媒

大众传媒包括报纸、杂志、电视和互联网等，信息量大，通过大众传媒可以获得关于流行趋势或者消费需求等的报道，从中发现新的投资概念。

#### 5. 消费者的抱怨

消费者的抱怨其实是对于更多产品和服务的需求信息，也许这就是一个潜在的创业想法。

#### 6. 头脑风暴

头脑风暴是一个创造性解决问题和产生想法的技术方法；它的目的就是尽可能多地产生想法。它经常从一个问题或一个难题的陈述开始，每一个想法又导致一个或者更多的想法，最终产生大量的想法。

## 二、识别和评估商业机会

### 1. 市场调研

创业前的市场调研是非常重要的，市场调研的目的有两个：一是证明所选择的经营项目的可行性；二是通过市场调研设计自己的经营策略。

### 2. 信息收集和分析

信息收集的途径包括以下几种。

（1）大众传播媒介。如报纸、杂志、书籍、电视、广播等。这类信息源信息量大、质量较高，比较有权威性。

（2）各级政府机构、研究机构的报告、文件、白皮书等。这类信息源所含的信息一般专业性较强，质量较高。

（3）专门从事信息服务的机构。如各类咨询机构、人才交流中心、技术交流中心等，他们通过一系列专业调查收集信息，并通过技术分析手段对信息进行处理，提供的信息质量较高。

（4）日常生活。通过和他人的谈话、观察市场情况等也可以获得大量的信息，特别是通过人们在日常生活中的抱怨或者不方便的信息着手，发现需求。不过这类信息可靠性较差，代表的范围也不够全面，只能作为参考，或通过其他方式对进一步的信息收集进行认证。

## 三、资金筹集

（1）个人自筹。
（2）合伙人入股或职员入股。
（3）银行贷款。
（4）中小企业创新基金。

## 四、企业经营方式选择

### （一）经营方式及特点

经营企业可以采用开店或者创办公司两种方式。

公司是一种有正式的企业结构、由多个股东联合组成、经政府部门同意而开办的企业。它具有法人资格，并拥有一些特有的权利，如财产权、经营企业权、签订合同权、参与诉讼权等。

### 1. 公司的优点

（1）责任有限。

（2）经营力量强。

（3）容易转让所有权。

（4）容易扩大公司规模。

（5）有限公司还有一个优点，就是可以连续经营，不会因股东的脱离而解体，股票转让给他人后，公司还可以继续经营。

### 2. 公司的缺点

（1）政府对公司的规章制度较多。

（2）缺乏行动自由。

（3）有限公司一般缴纳的所得税较高。

如何选择创业模式要根据经营内容和资金实力而定。决定创业模式的另外一个因素是创业策略，如果在创业起始阶段实力不济，可以先从个体做起，逐步发展成为独立的公司模式。

**企业形式比较**

| 考虑事项 | 独资 | 一般合伙人制 | 有限合伙人制 | 有限责任公司 |
| --- | --- | --- | --- | --- |
| 操作和结构的复杂性 | 简单 | 简单 | 较复杂，须申报和定位合约 | 最复杂，须政府营业执照，选举管理行政人员 |
| 股东或所有者数目的限制 | 一人 | 无限制 | 无限制 | 无限制 |
| 所有者对商业债务的法律责任 | 无限制 | 无限制 | 有限合伙人限制于投资金额 | 限制十投资金额 |
| 股份的转移 | 很难 | 很难 | 难 | 容易 |
| 利润所得税 | 业主付个人所得税 | 合伙者付个人所得税 | 合伙者付个人所得税 | 公司支付公司税，股东支付个人所得税 |

## （二）企业选址

企业选址涉及以下一些因素。

### 1. 经济因素

经济因素主要是分析当地的购买力。

### 2. 人口因素

创业者应该对自己企业产品或服务的适应群进行了解和定位，选择适宜人群较多并且数量呈上升趋势的位置创业。

### 3. 竞争因素

清楚在所选区域内有多少相似的企业，收集竞争者的相关信息，对竞争者进行研究。

有三种情况有利于开一家新企业：该区域内没有竞争者；竞争者的企业管理很糟；消费者对该产品的需求正在增加。

### 4. 地理因素

地理因素一个方面是和生产地或者市场销售之间接近的程度，如原材料较难运输或储藏的，企业应该在离生产地比较接近的地区；另一个方面要考虑地区间劳动力的供应情况差异，劳动密集型企业须选择劳动力较集中和工资水平低的地区，技术型企业应考虑到北京、上海等具备高级特殊技能人员较多的地方。

### 5. 个人因素

创业者个人的价值观也是企业选址的重要因素。

### 6. 地方性法律和法规

不同城市和地区对于行业的支持和创业支持政策都不同，创业者选择对自己创业项目重视和扶持力度比较大的地区创业将比较有优势。

## 五、商业计划书

### （一）商业计划书的作用和内容

商业计划（Business plan）是企业完成某种经营目的而拟定的，从某种程度上说，商业计划书的作用不是"计划"，而是"申请"或"报告"，所以，有时也用可行性报告或者项目论证书代替商业计划书。其主要意图是递交给投资人，以便于他们对企业或者项目作出判断。

商业计划书的内容包括封面、目录、摘要、产品和服务、市场分析、经营计划、财务计划、生产计划、组织计划、风险评估、附录等。

### （二）撰写商业计划书的注意事项

#### 1. 明确商业计划书的用途

商业计划书的用途：一是对未来的创业活动作出的计划和预期，以明确和规范创业过程中的各种行为；二是用来吸引投资人。所以，创业计划书的书写也应该以这两个用途为目的，对于每个部分都要进行详尽的、科学的解读。

#### 2. 注重计划书的细节，严谨认真完成

商业计划书的每项内容，都是在今后的创业和经营企业过程中至关重要的环节，不管是投资人还是公司的经营管理者，都应该以制订商业计划书为契机，对企业的可行性、发展战略、管理战略等进行详细认真的分析，预计可能的风险并制订应对解决的方案。

### 3. 分工合作，共同完成

商业计划书应由创业者亲自起草，如果是创业团队可以按照在企业中的责任不同而分别起草，起草过程中注意沟通交流，保证计划书的全面、协调。初稿完成后应找相关的有经验的专家讨论并提出修改意见。在文字编辑上也要确保清晰、简洁、正确、完整，便于阅读。

### 4. 准备商业计划书的口头宣布

商业计划书书写完毕后应该准备一个对于商业计划书的口头宣布介绍，口头介绍应该涵盖商业计划书的主要内容，运用多媒体工具，事先做好演习。

# 参考文献

[1] 王京刚. 做最优秀的班组长. 北京：中国致公出版社，2010.

[2] 曹华宗. 结果高于一切. 北京：中国致公出版社，2009.

[3] 陈龙海，韩庭卫. 企业管理培训游戏全书. 北京：地震出版社，2012.

[4] [英]霍尔默斯. 自我发展与团队合作. 北京：中央广播电视大学出版社，2007.

[5] [英]霍尔默斯. 个人与团队管理. 北京：中央广播电视大学出版社，2008.

[6] 姚裕群. 团队建设与管理. 北京：首都经济贸易大学出版社，2006.

[7] [美]斯诺. 团队建设游戏教练手册. 北京：企业管理出版社，2009.

[8] 姜旭平. 团队建设课堂. 上海：上海交通大学出版社，2008.

[9] 蒋巍巍. 这样执行最高效——影响团队执行力的八大根源. 北京：电子工业出版社，2013.

[10] 范爱民. 赢在团队. 北京：地震出版社，2005.

[11] 赵丽红. 赢在执行力. 北京：中国致公出版社，2009.

[12] 王时成. 如何避免执行力的12个陷阱. 北京：北京大学出版社，2005.

[13] [美]麦克切斯尼. 高效能人士的执行4原则. 北京：中国青年出版社，2013.

[14] 李华. 三分策略七分执行. 北京：中国财富出版社，2011.

[15] [美]麦凯. 沟通艺术. 北京：北京师范大学出版社，2009.

[16] [美]戴尔·卡耐基. 卡耐基沟通的艺术与处世智慧. 北京：中国华侨出版社，2012.

[17] 常白. 高效团队管理实战. 北京：机械工业出版社，2012.

[18] [美]汉弗里. 领导力、团队精神和信任. 北京：机械工业出版社，2012.

[19] 刘浩，李少斌. 团队建设如何才高效. 北京：机械工业出版社，2012.

[20] [美]霍克特，马丁. 团队引导技巧——团队建设学习方案. 昆明：云南人民出版社，2003.

[21] 付伟. 团队建设能力培训全案(第2版). 北京：人民邮电出版社，2011.

[22] 龚剑. 如何进行团队建设. 北京：北京大学出版社，2004.

[23] [美]约翰·纽斯特朗姆，爱德华·斯坎内尔. 团队建设游戏管理游戏宝典. 上海：上海科学技术出版社，2003.

[24] 孟玉婷，张勇. 团队合作能力训练教程. 成都：西南交通大学出版社，2012.

[25] 张元. 职业生涯设计——学习、就业与职业指导[M]. 北京：北京师范大学出版社，2007

［26］程社明. 你的船　你的海——职业生涯规划［M］. 北京：新华出版社，2007

［27］劳动和社会保障部培训就业司. 就业技能的基础指导［M］. 北京：中国劳动社会保障出版社，2005

［28］张廷辉，杨显东. 自我管理能力训练教程［M］. 北京：中国人民大学出版社，2011

［29］许湘岳，吴强. 自我管理教程［M］. 北京：人民出版社，2011

［30］广州市职业技术教研室. 职业生涯规划［M］. 北京：中国劳动社会保障出版社，2011

［31］广州市职业技术教研室. 职业素质养成［M］. 北京：中国劳动社会保障出版社，2012

［32］谢红霞. 沟通技巧. 北京：中国人民大学出版社，2011.

［33］刘玉冰. 沟通技巧与实训. 北京：清华大学出版社，2012.

［34］武洪明，许湘岳. 职业沟通教程. 北京：人民出版社，2011.

［35］梁辉. 有效沟通实务. 北京：中国人民大学出版社，2010.

［36］张鑫. 人际交往与沟通能力培养. 成都：西南交通大学出版社，2011.

［37］王建华. 沟通技巧. 北京：电子工业出版社，2012.

［38］耿巧云，马俊霞. 现代应用文写作. 北京：清华大学出版社，2010.

［39］麻友平. 人际沟通与交流（第二版）. 北京：清华大学出版社，2012.

［40］许玲，苏平. 人际沟通与交流. 北京：清华大学出版社，2010.

［41］许湘岳，邓峰. 创新创业教程［M］. 北京：人民出版社，2011.

［12］古典. 拆掉思维里的墙［M］. 北京：中国书店出版社，2010.

［43］徐斌. 创新头脑风暴［M］. 北京：人民邮电出版社，2009.

［44］贺兰. 疯狂图解——全胜思维的秘密［M］. 北京：中国时代经济出版社，2011.

［45］王哲. 创新思维训练500题［M］. 北京：中国言实出版社，2009.